オタクと推しの経済学

牧 和生 著
京都橘大学准教授

KANZEN

はじめに

大学で経済学を教えていますと、講義中に学生が目を輝かせる瞬間に出会うことがあります。それは、難しい経済理論が理解できたときや、例として挙げた内容が学生たちの共感を得られたことによるものです。さらに、オタク文化やオタク、推し活について話をすると、学生たちは自分の考えと照らし合わせながら話を聞きます。このとき、「オタク」や「推し」という言葉や概念が若い世代には日常的なものとして捉えられているという事を実感します。

本書は、現在進行形で変化し続けるオタク文化やサブカルチャーの過去と現在、そして未来の姿について経済学的視点から議論を展開しています。経済学といえば高度な数式や、複雑な経済モデルというイメージがあるかもしれません。経済学に触れてみ

たいという人たちにとって、経済学の作法は高いハードルとなってしまいます。そこで、本書では数式や難解な経済学のモデルは用いず、必要最低限の経済学の知識で分かりやすく説明することを意識しています。

経済学の知識でオタク文化やサブカルチャーを見てみると、今までとは異なった視点からこれらの文化を捉えることができるかもしれません。それが、本書の狙いです。経済学でオタクを紐解いていくと、経済学そのものの在るべき姿もきっと見えてくることでしょう。本書を通じて、是非あなたなりのオタク論やオタク文化論などを考えてもらいたいです。それでは、オタクと推しの経済学の世界を自由に散策してください。

目次

はじめに …… 2

1章 サブカルチャーとオタクの定義

01 経済学ってどんな学問？ …… 12
02 サブカルチャーってどんな文化？ …… 16
03 おたくの起源とは？ …… 20
04 オタクの定義とは？ …… 24

05 「おたく」ってネガティブなイメージがありませんか？……28
06 おたくとオタクって違うの？……30
07 おたくやオタクを悪く思ってしまう理由とは？……32
08 オタク文化における「共感」と、さらに「推し活」ブームへ……36
コラム オタクの消費の特徴は４つの「P」と３つの「C」……38

2章 推し活・サブカルチャー市場の現状

09 オタク市場ってどのような研究がされているの？……40
10 推しのいる生活「推し活」ブームでオタク文化はどう変わる？……44
11 オタク市場にライトユーザーは参加できる？……46
12 オタク心理を掴んで消費を後押し「コラボカフェ」の楽しみ方……50
13 コンテンツツーリズムが地域にもたらす効果とは？……54

14 マンガやアニメでよく神社が出てくる理由とは？……60
15 アニメソング隆盛のきっかけは？……64
16 キャラクターには誕生日が必要？……70
17 オタクは経済を支えているの？……74
18 こだわりが強いオタク同士って対立しないの？……80
19 推し活疲れの経済学的メカニズム……86
20 「くだらない」がサブカルチャーのキーワード？……92
21 人間誰しもが「オタク」ってことですか？……94

コラム 私の一推し 牧和生の推し活ライフ……96

3章 推し活・サブカルチャー市場の未来

22 「オタク＝ネガティブ」の時代が変わり始めたのっていつ頃？……98
23 オタクについてはどのような研究がされているの？……102
24 「萌え」ってなんのこと？……106
25 オタクになることと個人主義的な価値観との関係とは？……112

26 アニメやマンガの登場人物やアイドルのメンバー数が多いのはどうして？……116
27 人気のコンテンツが異業種とコラボするのはどうして？……118
28 ヒットするアニメに共通することって何？……122
29 コンテンツツーリズムを企画するうえで注意すべきことは？……126
30 コンテンツツーリズムが教えてくれる大切なこと……130
31 オタクを理解するうえで私たちに必要なスキルとは？……134
32 AI時代、サブカルチャーはどう変わる？……138
33 動画投稿サイト等で誰でもサブカルチャーを創り出せる？……142

34 オタク文化を存続させるために必要なこととは？……146

35 オタクとしての生きづらさとは？……150

36 結局オタク文化やサブカルチャーってどう理解すればいいの？……154

37 モノを売るなら「広く浅く」より「狭く深く」？……158

38 オタクがジャンルを潰す？……162

39 オタクになろう！〝大好き〟があると人生は豊かになる！……166

おわりに……170

参考文献……172

著者プロフィール……176

※本書に掲載されている情報は2023年7月現在のものです

1章 サブカルチャーとオタクの定義

経済学=お金?

オタクの正体

経済学ってどんな学問?

経済学は多くの人を幸せにする学問です。

「経済学=お金」と考えがちですが、それだけではありません。大きな意味で「人を幸せにする」というとても身近な学問です。

▼オタク文化から学ぶ 人々を〝幸せにする〟学問

経済学と聞いてどのようなイメージを持つでしょうか。おそらく多くの人が、「お金」に関する学問であると思うのではないでしょうか。確かに経済活動にお金は欠かすことができないものですから、直感的に「お金=経済学」と考えるのも無理はありません。しかし、お金に関

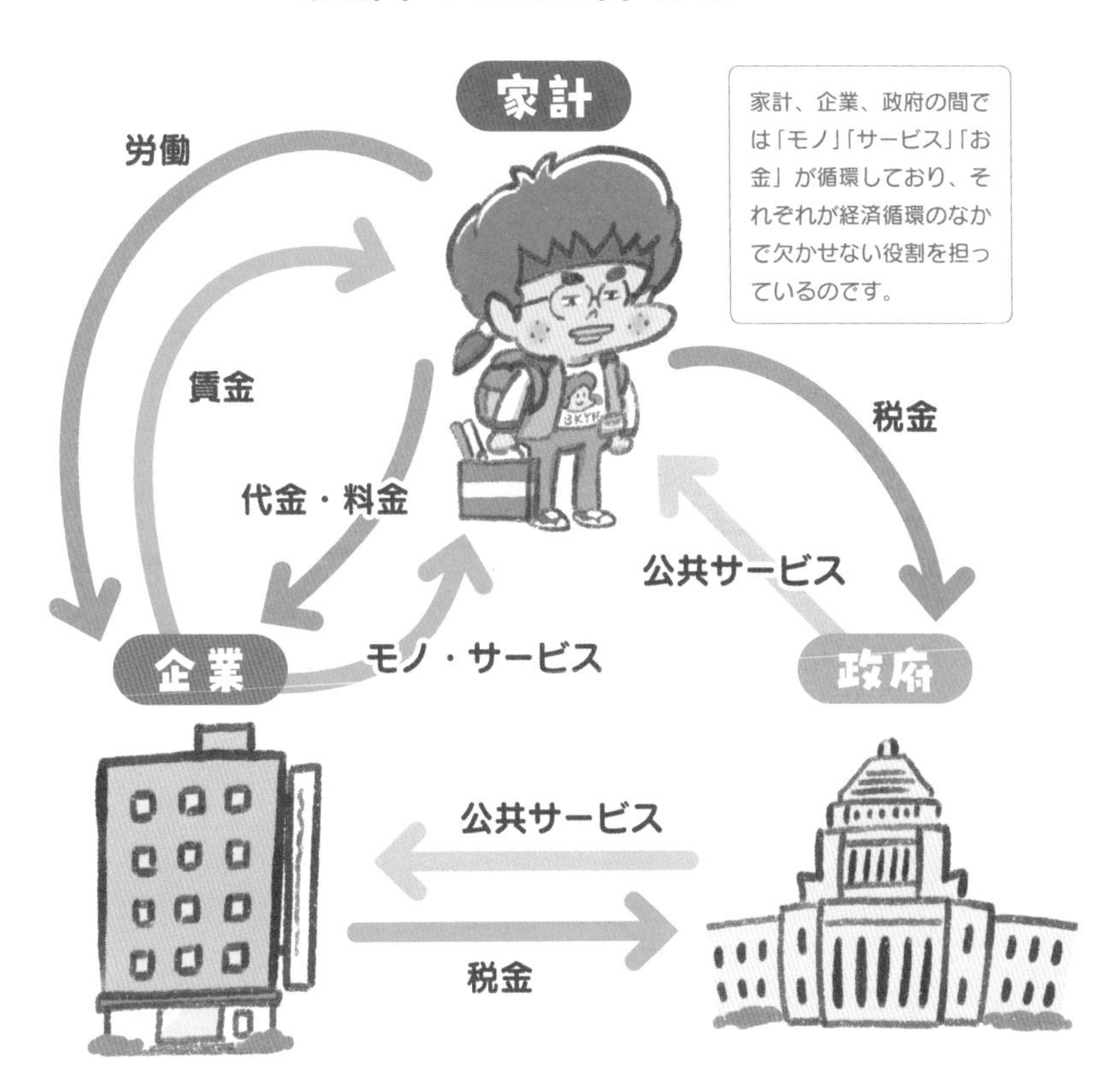

することは経済学の1側面に過ぎません。そこで経済学とは「社会の問題を見つけてそれを解決し、多くの人たちを幸せにする学問」と言われるとどうでしょうか。急に経済学が、身近な学問に感じるのではないでしょうか。

経済学には様々な理論が存在します。もちろん、本書では経済学の理論のすべてを扱うことは当然できませんから、オタク文化やサブカルチャーを考えていくうえで必要な考え方を厳選します。

まず経済学では、人間を個人

合理的経済人とは…

個人主義

利己的
（わがまま）

計算高い

将来的な予想
▼
計画通りに行動

合理的経済人は「自分の満足度が最も高くなるように行動する」と定義されています。

主義かつ利己的（わがまま）で計算高く、将来的な予想を立てたうえでその計画通りに行動すると仮定しています。このような人間像を合理的経済人（合理的個人）などと呼んでいます。

そして、合理的経済人は自分の満足度である効用が最も高くなるように行動すると考えています（専門用語で効用最大化と呼びます）。

▼消費者は満足を求め、企業は利益を追求するが…

一方で、経済活動を営む上で多くの有限なものがあります。

資金、原材料、労働力、時間…など、無駄にはできないものがたくさんありますが、できるかぎりの無駄をなくし「効率的」に財（有形の商品等）やサービス（無形のもの）を市場に提供することも、経済学の視点です。その結果、企業は売り上げ（利潤）を最も多くしたいと考えて生産行動をすることになります。

それぞれが無駄なく合理的に活動すると考えられるが、人間はそんな単純ではないことも…

つまり、経済学とは自分の満足を一番大きくしたい消費者と自社の売り上げを一番大きくしたい生産者が、それぞれ無駄がないように行動して消費と生産を行う経済活動を研究して、うまくいかないときはその理由を探って問題を解決することで、人々を幸福にする学問であるといえます。しかし、経済学の理論上の人間と私たちは大きく異なる点があります。それは、いったい何でしょうか。その「答え」が、オタク文化を読み解く重要なキーワードです。

サブカルチャーってどんな文化？

人を強烈に惹きつけるサブカルチャーの力

サブカルチャーと聞いてイメージするものは何ですか？　アニメーション（以下、アニメ）、アニメ、マンガ、音楽、芸術、ファッション…、多数思いつくものがあるでしょう。アニメを例に取ってみましょう。アニメといっても様々な種類があります。子ども向けのアニメ、大人向けアニ

アニメがサブカルなら、ジブリ作品もサブカル？？

マンガ

アニメ

音楽

ファッション

芸術

サブカルチャーとひと口に言っても捉え方はさまざま。音楽に例えると、ヒットチャートを賑わすミュージシャンもいれば、サブカル的な要素を持つミュージシャンもいます。

ハイカルチャーとサブカルチャー

ハイカルチャー

「ハイ」は上位などの
意味があります

すでに大衆から価値を認められていたり、優れた芸術性などを備えた作品や文化

サブカルチャー

「サブ」は下位、部分などと
訳されます

大衆から支持を集めているわけではないが、特定の集団を担い手とする独特な文化

メなど性格が異なります。スタジオジブリ作品はサブカルチャーかどうかと尋ねられて、サブカルチャーと答える人は少ないでしょう。ここにサブカルチャーを捉える難しさがあります。

すでに多くの人たちから価値が認められていたり、優れた芸術性の作品などをハイカルチャーと呼びます。ハイカルチャーのハイは「上位」などと訳します。それと対比されるのがサブカルチャーです。サブは「部分」「下位」などと訳します。一方で、サブカルチャーは、カウンターカルチャーであるという考え方もあります。これは対抗文化という捉え方で、ハイカルチャーなどの一部の裕福で教養がある人しか楽しめない文化に対して、自分たちでも楽しめる文化を創り出すということで生まれた文化です。

サブカルがわかると文化の見方が豊かになる

例に出したアニメを考えてみると、サブカルチャーの考え方が理解しやすくなります。子ども向けのアニメはサブカルチャーかどうかと尋ねられれば、それは違うと答えるのではないでしょうか。子ども向けアニメは大衆文化（ポピュラーカルチャー）またはポップカルチャーにカテゴリーされます。

一方で、大人向けのアニメはサブカルチャーかと質問されれば、それはサブカルチャーだと答える人が多いと思います。ターゲットとしている年齢や設定のマニアックさ、場合によってはダークなイメージも付き纏います。しかし、俯瞰的に見てみると、大人向けアニメもアニメであることに変わりはなく、アニメ文化の〝一部分〟に含まれるわけです。そしてその文化の一部分に焦点を当ててみると、日々様々な文化が生み出されて消費されているサブカルチャーやオタク文化のダイナミズムに触れることができます。

サブカルチャーやオタク文化には、多くの人には受け入れられるメインカルチャーではなく、一部の人たちを〝強烈に惹きつけるこだわりや共感〟があります。メインとなる文化の少し外れたところに存在する文化として、サブカルチャーやオタク文化を捉えてみると文化の見方が少し豊かになるかもしれませんね。

アニメやアイドルは線引きが難しい?

おたくの起源とは?

「おたく」と現代の「オタク」は同じようで違うもの。1970年代にはマニアなどと呼ばれていた。

▼「マニア=おたく」からカタカナの「オタク」へ

おたくはどのくらい前から存在していたと思いますか? これは定義や捉え方によって、違いが生じてきそうです。

また、ここでは平仮名で「おたく」と書いてあることに注意をしてください。少し見慣れない書き方と思うかもしれません。多くの人は「オタク」ある

服はヨレヨレのことが多い。アニメキャラなどが大きくプリントされたＴシャツもある。手が空くのでリュックも必須。

髪型について、多くの人は無頓着。バンダナを巻く、後ろで結ぶなど、なにか一手間加えていることが多い。

メディア箱

買い物をしたら必ず紙袋に。おまけでついてくることが多いポスターを入れるのにも便利なのだ。

外見は全体的に清潔感がなく、男女問わずモテない雰囲気が漂っている。

いは「ヲタク」と表記するのは、違和感がないでしょう。

「おたく」と「オタク」（ヲタク）は実は性格が異なります。ここでは、かつておたくと表記されていた人々の起源を紹介します。

おたくという存在は、1970年代にSFを愛好する人たちがその起源とされています。しかし、当時はおたくという呼称ではなくマニアなどと呼ばれていました。SFはScience Fictionの略で空想科学小説などと訳されますから、創作物などには自由な発想が許されます。

コミケといえば現在では20万人近くの人を集める一大イベントだが、1970年代の参加者は500人程度だったという。

とはいえ、当時のSFに興味のない人からは理解されない文化であったと思われます。1974年には「宇宙戦艦ヤマト」、1979年には「機動戦士ガンダム」などの今でも人気のあるアニメコンテンツの放送が開始されます。SFがおたくの起源とする考え方も、納得できる点も多いですね。

▼「おたく」の発祥は他人行儀なやりとり？

「おたく」という呼称は、1983年に中森明夫による成人向け漫画雑誌『漫画ブリッコ』に

「おたく」という呼び名はコミケで知りあったもの同士が、他人行儀に「おたく」と呼びあったのが起源とされている。

掲載されたコラムで、コミックマーケットに集まる少年少女に対して命名したのが由来とされます。彼らが互いに呼び合っていた「御宅は…」というやり取りにヒントを得て「おたく」と命名し、彼らの特徴などについてまとめたのです。

なお、このコラムは社会的にも大きな影響を与えました。

現在のように、片仮名で「オタク」と表記するようになるのは90年代に入ってからです。

オタクの定義とは？

オタクと呼ばれる人達は多岐にわたる。この4ジャンルの他にも、特撮オタクや鉄道オタク などが知られる。

オタクとは何か？ 定義はいまだ定まらず

　オタクの定義も多様化し、様々な捉え方がなされています。オタク（おたく）には、「趣味的な世界にのめり込み、閉鎖的で社会的常識が欠如している」などの定義もありますし、「サブカルチャー」に含まれる、アニメ、マンガ、ゲーム、特撮、アイドルなどに夢中になる人

達」というジャンルが明記されるケースもあります。

一方で、「こだわりの対象があり、その分野に集中的に時間とお金を費やし、創作活動も行う人」という定義もあります。学者によっては、性別が定義に加えられているものもあります。

ネガティブな定義からポジティブな定義まで、オタクの定義は研究者やアンケート調査の際のターゲットの選定によって様々です。もちろん、時代や社会の変化によってオタクの定義も変化しています。今では、オタクに対して前向きな印象を持

変わる「オタク」への印象

1990年代は・・・

暗い
気持ち悪い
もてない

現在は・・・

特殊な趣味を持つ、少数派の存在　3.2%
軽蔑する　0.8%
尊敬できる
13.5%
とくに
良し悪しの
印象はない
14.6%
好きなことに
夢中になれるものが
あるのはよいこと
67.9%

参考：Webサイト
「Agenda note「令和女子の解体新書（鎌田明里）」（2020/4/17）」より

「こだわりのある分野を持っている、夢中になれるものがある」ということは、時代の変化とともにポジティブな印象を与える大切な要素になっている。

つ人も少なくありません（円グラフ参照）。

　オタクの定義で共通しているのは、特定のこだわりのある分野があり、それ以外の分野よりも金銭の消費や時間を多く費やしているという事です。そして、そのこだわりのある分野について、ともに趣味を共有する仲間を見つけ、様々な形で文化を享受し、発信しているのがオタクといえます。

▼時代とともに変わるオタクを見る〝社会の目〟

オタクの定義が時代とともに変わっていくのは、そのオタクを見る社会の目も変わってきたことを意味します。

そこで本書では、オタクを「メインカルチャーから少し外れた文化であるサブカルチャーにこだわりを持ち、夢中になっている人たち」と定義します。

オタク文化もサブカルチャーも主たる文化があることでその文化を維持、発展をしています。この「サブ」（部分）に夢中になるというところに、オタクを読み解くヒントがあるかもしれません。

「おたく」ってネガティブなイメージがありませんか?

凶悪事件が与えたおたくへの負のイメージ

「おたく」が中森明夫によって命名されたのが1983年です。コミックマーケットに集まる少年少女を観察した違和感から、彼らに対しての適当な呼称としておたくと名付けたのです。会場内での彼らが「御宅は…(どのような本を扱っていますかなど)」と呼び合っていたことに由来するということはすでにお伝えしました。当時の中森によるコラムの影響は計り知れず、すぐに放送禁止用語に指定されたりします。

そして、おたくに対してイメージをネガティブなものとして世間に植え付けたのが、1988年から1989年にかけて発生した宮崎勤元死刑囚による連続幼女誘拐殺人事件です。メディアが取り上げた宮崎勤の部屋には、当時高価であったビデオテープが多数ありました。

加えて宮崎がコミックマーケットで同人誌を頒布していたこともあり、おたくをネガティブなイメージとしてメディアが報道したこともマイナスのイメージの要因となります。犯罪のきっかけとなる要因が、部屋に多数あったという印象を世間に与えたのです。

この事件はメディアのあり方

暗いイメージの「おたく」の部屋

1988年に発生した連続幼女誘拐殺人事件により、「おたくは暗い部屋でビデオばかり見て、何をしてるかわからない」というマイナスイメージが世間に広まった。

も問われ、大量のビデオテープに録画されていた内容の多くは特撮物の番組であったといいます。

一方で、このおたくに関するネガティブな世間の評価はむしろおたくとしてのアイデンティティを芽生えさせたという意見もあります。

そして、このおたくのネガティブな評価が改善されていくのは「オタク」と表記を変える1990年半ばに入った頃です。

おたくとオタクって違うの？

現在のオタク文化の盛況はおたくたちの苦労が礎に？

これまでの説明ではおたくと表記してきたのですが、オタクと表記する場合は性格が異なります。おたくと表記される場合は、1990年頃より前の時代の人たちを指します。熱中する趣味に対するインフラも、情報技術も未発達な時代に「自らで趣味を作り出した人たち」をおたくと呼びます。おたくと命名される以前から90年代に入る前くらいのサブカルチャーやオタク文化にはまった人たちが該当します。

一方でオタクと片仮名で表記する場合は、ほぼ現在と同じ人たちを指します。「おたく」との決定的な違いは、趣味に対するインフラの整備です。

1990年代に入り、多くの趣味の形が確立され、好きな者同士の交流も可能になってきました。多数の趣味の中から、自分の好むものを選択できるようになった世代のことを「オタク」と呼びます。パソコンとインターネットの環境が普及してくると「ヲタク」という表記もなされるようになります。

「おたく」と「オタク」は同じ対象を見ているようで、実は大きな違いがあるというわけです。今のオタク市場での趣味の

「おたく」と「オタク」

1990年頃

おたく

自らで趣味を作り出した

オタク

多くの趣味の中から"好き"を選べるようになった

趣味のインフラも情報も整備されず、世間からのイメージもよくない時代に、おたくたちは自らの情熱で趣味を確立していった。

形は、人とは違う楽しみ方を模索したおたくの苦労や工夫のもとに成り立っているという見方もできます。

今のオタク文化の形と過去のおたく文化を比較してみると、色々な発見があるかもしれませんね。

おたくやオタクを悪く思ってしまう理由とは?

「おたく」や「オタク」について、マイナスイメージを持っている人はいまだにいます。それでも、多様性、寛容が求められる時代と相まって、理解は少しずつ広まっています。

独特の価値観が生む世間の〝無理解〟

いくらオタクに対するイメージや趣味が世間に理解されるようになったと言っても、おたくやオタクに対して悪い印象を持っている人をゼロにはできません。おたく、あるいはオタクに対して悪く思ってしまう原因について、少し視点を変えて考えてみることにします。

サブカルチャーやオタク文化について、比較されるハイカルチャーなどに比べると評価が低く見積もられます。それは、ハイカルチャーとして認められてきた歴史や創造性などの付加価値によるものです。一方でサブカルチャーやオタク文化に創造性がないわけではありません。しかし、多くの人には理解できないマニアックさ、違いの分かりにくさ、成人向けのコンテンツの表現なども含めて、その分野に興味がない人には独特な価値観に共感を得ることは難しいと思われます。

代表性ヒューリスティックとは

多くは健全に趣味を楽しむ「おたく」や「オタク」であっても、なかには悪い印象をあたえる人や事件もあります。代表性ヒューリスティックとは、その悪い印象が脳内で「典型的なイメージ」と認識され、「おたく・オタク＝悪い存在」となってしまうことをいいます。

おたくって、暗くて怖い
印象なのよね。
悪いのは一部の
おたくだってわかっては
いるんですけど…。

私たちは無意識のうちに社会における情報を取り込み、思い込みや偏見を構築していると言われています。偏見をゼロにするのは難しいため、偏見が言葉や態度に出ないように気を付ける必要があるのです。

「典型的なイメージ」は間違った結論や偏見を生む

また、行動経済学の「代表性ヒューリスティック」も面白い視点を与えてくれます。この代表性ヒューリスティックとは、脳内でイメージされる対象への印象や特徴によってそのイメージをもとに物語を作れる場合に、間違った結論を導きやすいというものです。さらに頭の中でイメージしやすいものは、現実でも起こりやすいはずだと誤解してしまうわけです。

例えば、おたくを巡るメディアのバッシングは既に説明をしました。もちろん、多くのおたく（オタク）たちは健全に趣味を楽しんでいます。しかし、脳内で強烈なおたくのイメージがあり、かつその後起きた悲惨な事件の情報が結びついてしまうと、頭の中でおたくを悪く思う物語が作られ、その結果おたくの全てを悪い存在だと認識してしまうわけです。実際には問題行動を起こすおたくはごく少数であっても、正しい判断が歪められてしまうのです。

これは、現代ではオタクによる悪い振る舞いがニュースやソーシャルネットワークサービス（ＳＮＳ）で話題になると、その一部のオタクの行動によって全体のイメージが悪くなってしまうというのと同じです。思い込みや偏見を超えて、健全にオタク活動（オタ活）を楽しんでいるオタクを理解しようとする姿勢が大切なのです。

オタク文化における「共感」と、さらに「推し活」ブームへ

合理的経済人にはない「心」が大切な要素

私たちは日々、多種多様な財やサービスを消費しています。そこには、消費するに至ったさまざまな考えが含まれているはずです。経済学では、物事の判断を意思決定と呼んでいて、消費者や生産者の意思決定についても多く研究がなされています。

経済学が想定する合理的経済人（12ページ参照）は、現実の私たちと異なっていることはすでにお話ししました。ここでは、その違いについてもう少し話を進めましょう。

私たちは、多様な性格や価値観の人たちと社会生活を営んでいます。学校や会社ではたくさんの人たちと協力しながら物事を進めていくのが基本です。しかし、合理的経済人は個人主義的な考え方をするので、意思決定は「自分にとって得かどうか」が優先されます。もちろん、合理的経済人でも他人と協力することも想定されています。それは、「他人と協力すると自分にもメリットがあるとき」というケースです。ここまでの説明からも、経済学の理論的な基礎となる合理的経済人が少し現実離れしていることが分かるでしょう。そして、合理的経済人と私たちの決定的な違いは「心」の重要なのは理論ではなく「心」

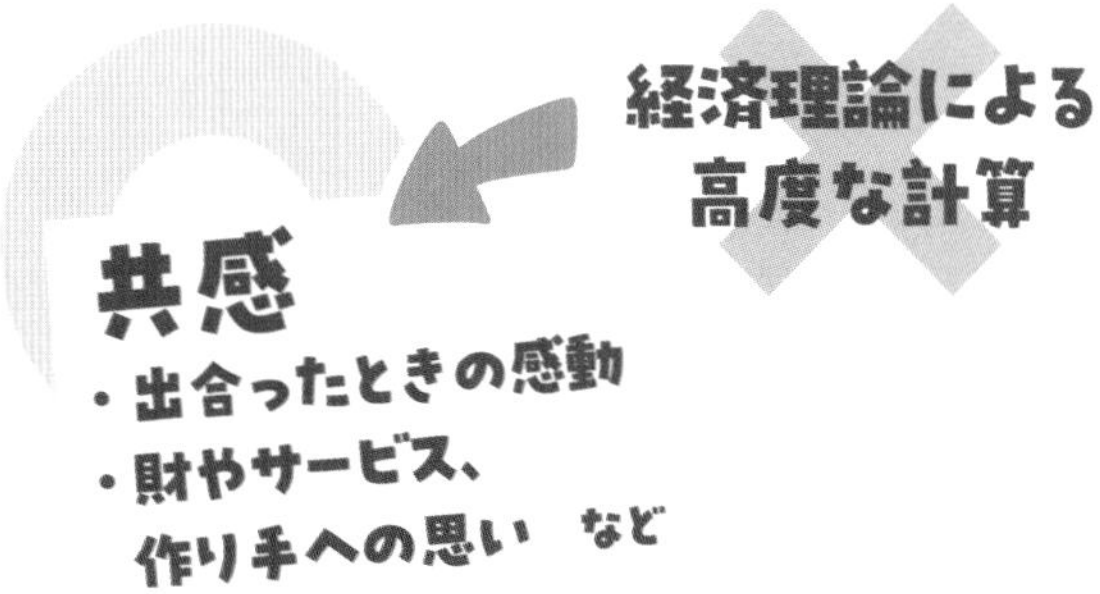

経済理論による高度な計算
共感
・出合ったときの感動
・財やサービス、作り手への思い　など

有無です。合理的経済人には、他人の行動の背景を推測し気持ちを読み取る心がありません。新しい経済学の分野である行動経済学では、心を持つ人間の意思決定について研究が行われています。

サブカルチャーを生み出す「共感」の重要性

そしてもう1つ、経済学において重要になるキーワードが共感です。

私たちは、多種多様な財やサービスから自分が満足する（効用最大化する）意思決定をします。しかし、その意思決定には経済理論が想定するような高度な計算などは必ずしも用いられていません。過去の経験や財やサービスに出合ったときの興奮や感動という心の動き、あるいは作り手へのさまざまな「共感」が消費に作用しています。そして、共感の先には個人ごとが創造する解釈や意味があります。この解釈や意味の数だけこだわりが生まれ、サブカルチャーのスタートとなりうるのです。つまり、オタク文化やサブカルチャーにおける共感は、新しい文化が生み出されるために不可欠なものなのです。さらに、オタ活や推し活の可能性を考える上で、この共感というキーワードは欠かすことができません。

コラム

オタクの消費の特徴は4つの「P」と3つの「C」

Place
（流通）

Product
（製品）

Price
（価格）

Promotion
（販売促進）

Community
（集団性）

Creativity
（創造性）

Collection
（収集性）

2章に進む前に、オタクの消費の特徴を簡単に整理しておきましょう。野村総合研究所の研究では、オタク市場の盛り上がりにはマッカーシーが提唱したマーケティングの4P であるPrice（価格）、Place（流通）、Product（製品）、Promotion（販売促進）に加えて、「3つのC」が関係していると指摘します。Creativity（創造性）、Community（集団性）、Collection（収集性）の3つのCです。新しいものを生み出す創造性に、趣味や価値観を共有する集団（グループ）の存在、そしてつい通ってしまったり集めたりする収集欲を刺激する仕組みの存在が、オタクの消費には欠かせません。

2章 推し活・サブカルチャー市場の現状

オタク市場ってどのような研究がされているの？

オタク人口は172万人、市場規模は4110億円だった！

アニメ 11万人 200億円

組立PC 11万人 360億円

カメラ 5万人 180億円

ITガジェット 7万人 80億円

AV機器 6万人 120億円

ファッション 5万人 180億円

オタクが細分化するも原点はこの12分野！

　オタクの市場に関する研究では、アンケート調査をもとに市場の規模や消費金額を推定する調査（矢野経済研究所）や、推し活に関する調査（博報堂コンテンツファン消費行動調査）などがあります。これらの調査は、対象となるサンプル数も多くオタク市場を考察していく上

2005年　オタクの人口と市場規模

出典：野村総合研究所オタク市場予測チーム（2005）「オタク市場の研究」東洋経済新報社

で貴重なデータを提示しています。

２００５年の野村総合研究所の『オタク市場の研究』を紹介すると、調査対象とする分野は12分野となっています。もちろん、時代が変化することでオタク市場も変化している部分がたくさんあります。

例えば、オタクとファンの境界線が曖昧になってきたことや、推し活と呼ばれる消費行動も注目されています。もともと推しという用語は、複数のメンバーが存在するアイドルグループにおいて特定の人物を応援す

10人に1人はオタ活をしている？

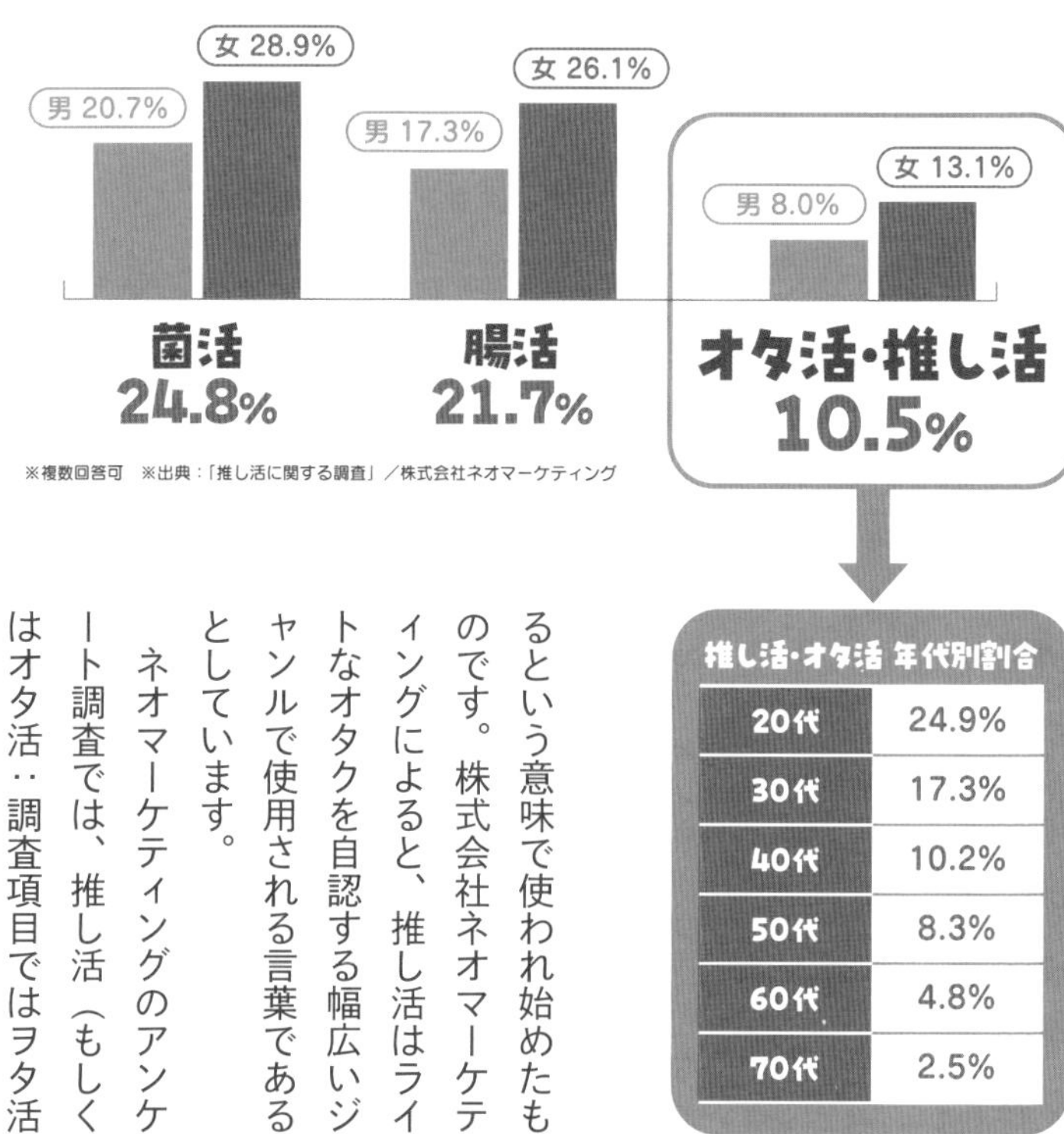

推し活・オタ活 年代別割合

年代	割合
20代	24.9%
30代	17.3%
40代	10.2%
50代	8.3%
60代	4.8%
70代	2.5%

るという意味で使われ始めたものです。株式会社ネオマーケティングによると、推し活はライトなオタクを自認する幅広いジャンルで使用される言葉であるとしています。

ネオマーケティングのアンケート調査では、推し活（もしくはオタ活：調査項目ではヲタ活と表記）を行っているかという問いに、20代の約25％が何らかの推し活を行っていると答えています。加えて、推し活を行っている人たちの推しの対象は、実在する人物等が78・0％、2次元などの非実在の存在等が44・8％という結果からも、さまざまな形で推しが生活の一部になっているのです。それまでマクロ的な視点で捉えられてきたオタク市場が、ミクロ的な視点で捉えることで新しい発見をもたらしてくれています。

さて、本書ではオタクと推し活を行うファンたちについて、

推し活・オタ活に費やす金額と時間、その対象は？

推し活・オタ活に費やす金額は？（月平均）

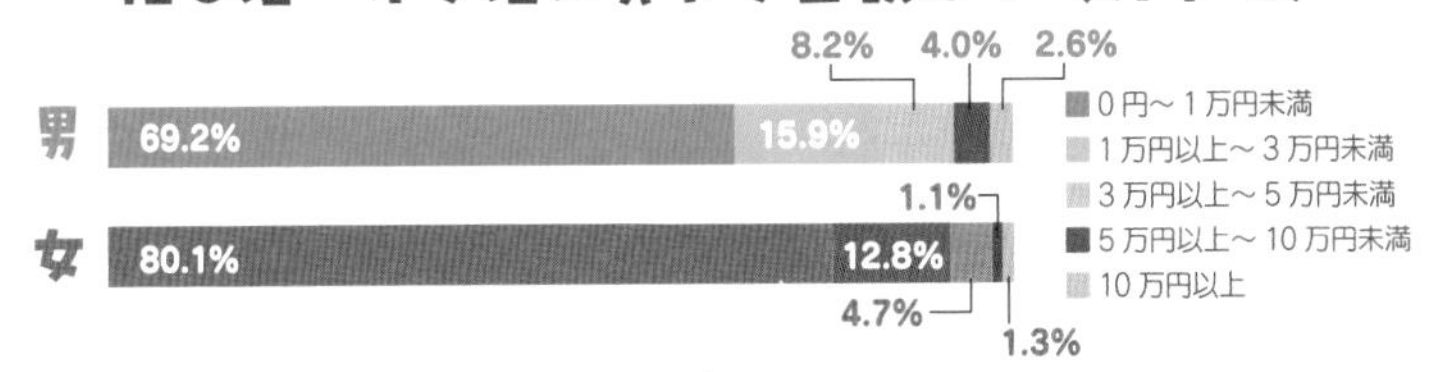

推し活・オタ活に費やす時間は？（月平均）

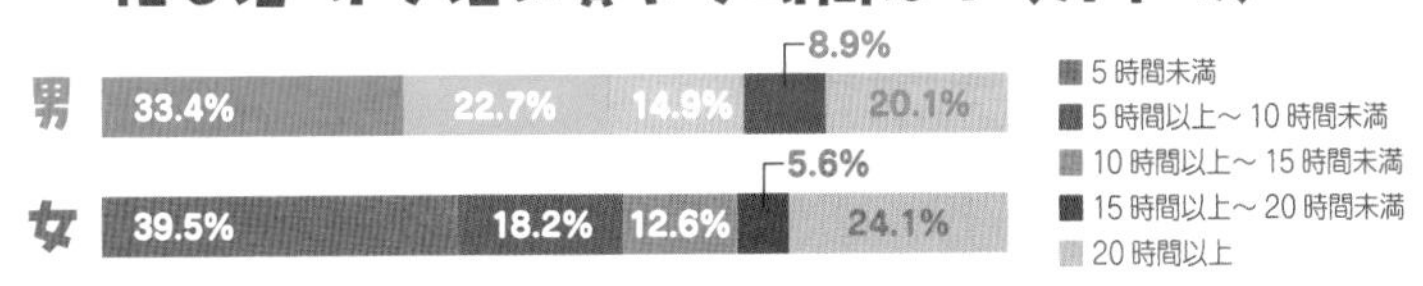

推し活・オタ活の対象は？

実在の人物
（アイドル、俳優など）
78.0%
男性 72.8%　女性 81.2%

キャラクター
（アニメ、Vtuberなど）
44.8%
男性 54.1%　女性 39.2%

人物以外のもの
（鉄道、刀剣など）
24.8%
男性 36.6%　女性 17.6%

※複数回答可　※出典：「推し活に関する調査」／株式会社ネオマーケティング

次のように捉えて解説をしていきます。それは、推し活やオタ活を行っている人たち（ライトなオタクたち）は、推し活などを通じて自分自身の強いこだわりや興味のある分野への深い知識を得ることで、「オタク」になりうるという事です。オタクは強いこだわりや深い知識、創造性などを持ち合わせた存在として研究がなされています。オタク市場やオタク文化、サブカルチャーの未来を考えていく上で、オタクになりかけの人たちにも注目をしていかなくてはなりません。

オタクの経済

推しのいる生活「推し活」ブームでオタク文化はどう変わる？

若い女性が支える「推し活」の経済活動

　推しというワードが日常生活の中でも浸透しつつあります。２０２１年のユーキャン新語・流行語大賞にも「推し活」がノミネートされました。この推しは、〝○○推し〟のように用います。○○には応援している好きな人物などの名前が入ります。「推し」は誰かにお勧めしたい、自分にとって一番の存在であることを表す言葉です。

　博報堂ＤＹメディアパートナーズコンテンツビジネスラボでは、「コンテンツファン消費行動調査」を毎年行っています。その２０２１年の調査では、主に推し活を行っているのはＺ世代（デジタルネイティブ世代）の10代～20代の女性が多いということが指摘されています。「推し＝アイドル」というイメージを持つ人も多いので、これは納得しやすいのではないでしょうか。さらに、好きなコンテンツを自ら編集してＳＮＳに積極的に投稿していることも明らかにされています。これは、TikTokやInstagram、YouTubeなどの動画投稿のプラットフォームが整備され、気軽に動画の編集と投稿が可能になったことも要因であると考えられます。

　これらの調査で分かること

SNSで簡単に「推し」を拡散！

「推し」の情報をSNSで誰とでも共有できるようになったいま、オタク文化は若い世代にも広がっている。

は、好きの対象である推しがきっかけとなり、ライブやCD、あるいはグッズを購入するという「推し活」を行っている人たちも、オタク文化の担い手になりつつあるという事です。コンテンツビジネスラボの調査で明らかになった、若年層の女性が推し活を支えているという事実は注目すべきです。オタク文化やサブカルチャーを維持・発展するには、若い世代の参入が不可欠です。デジタルネイティブであるZ世代が新しい文化を生み出し、それが主流になる日もそう遠くないかもしれません。

オタク市場にライトユーザーは参加できる？

かつてはコアなオタクたちが集う街だった東京・秋葉原。マニアックでダークな印象を与えた。

文化の継続・成熟に大切なライト層の「参入のしやすさ」

新しいことを始めるとき、みなさんは何から始めますか？今では気になる情報はインターネットで手軽に探すことが可能です。しかし、昔の「おたく」の人たちは情報を専門誌やその道のプロの人たちから得なければならなかったのです。

そして、オタクの聖地と呼ば

今も「オタク文化の聖地」に変わりはないものの、コアなオタクとライトユーザーが混ざり合う独特の雰囲気を醸し出している。

れる東京都千代田区の秋葉原駅周辺の電気街も、時代とともに変化し続けています。秋葉原の街はオタク文化のライトユーザー、そしてコアなユーザーの趣味やこだわりが混ざり合う、独特の雰囲気を醸し出しています。

一方で、かつてのマニアックであった電気街のダークなイメージは薄れ、ライトユーザー（あるいはライトオタク）向きの街になったという見方もあります。

さて、2021年にZ世代に行ったアンケート調査に興味深いものがあります。「自分はオタクだと言えるくらいハマっているものがある」という調査で、なんと82％の人がイエスと答えているのです。その理由の1つとしてはオタクのライト化が挙げられます。ライトユーザーの定義はさまざまですが、こだわりの対象はあるものの、その対象への費やす時間と消費額が少ない人たちと考えると、オタク市場においてライトユーザーの参入が重要な意味を持つことが分かります（ヘビーなオタク層は、特定の分野に時間も消費額も極端に消費している人たちと考えられます）。

オタク市場にもメインとなる世代が存在し、うまく世代交代できないと市場が縮小していくなどの問題が発生します。

例えば、オタクのイメージが改善している現代においては、オタクであるという事を隠さなくてもよくなりつつあります。つまり、好きな対象がありそれが生きていく中で重要な心の拠り所になっている人をオタクと捉えればよいのです。

重要なのは、「好き」の対象が見つかったときにその分野に参入できるかどうかです。これからオタクになろうという人たちが気軽に文化に参加できないと、文化に対して新しい考え方が導入されません。新しい文化は既存の文化を壊すという見方もあるでしょう。さまざまな価値観が共存する文化において、私たちはどのように考えて行動していけばよいのでしょうか。それは、後の章で説明をします。

趣味の街・秋葉原は（「趣都」と呼ぶ学者もいます）、古き良き部分と新しく変化している部分の両方の側面があります。文化に気軽に参入できるということが、オタク市場が成長している理由の1つなのです。

Z世代はオタクの宝庫?

「○○オタク」と言えるほど、
ハマるものがある！
82%
YES
Z世代を対象にした調査によれば、約82%の人が「○○オタクといえるものがある」と回答。同調査では「作品」よりも「キャラクター」を重要視しているということもわかった。
出典：マンガ・推しに関するアンケート／TELLER調べ
(回答数357名。2021年6月)
どうぞ〜
おいで〜
お〜い
古き良き文化と新しい文化の共存こそが、市場が活性化していく重要な要素になる。

オタク心理を掴んで消費を後押し「コラボカフェ」の楽しみ方

▼オタクの心理を読んだ「コラボカフェ」が奏功

これまで、オタク市場における主な消費の方法はグッズなどの購入、ライブに参加する、自分で既存のコンテンツを踏まえて創作活動を行うなどが主流でした。コンテンツも多種多様であり、目まぐるしく人気の作品等が入れ替わる市場において、ファンの心を掴む工夫も必要に

コラボカフェ とは?

- デパートの一区画など、比較的小さな店舗で運営される
- 常設店舗ではなく、期間限定であることが多い
- 空間が特定のコンテンツで満たされている

オタクごころをくすぐる仕掛けがいっぱいなんです。

店の外観も好きなキャラで満たされるコラボカフェ。入店前からワクワクさせることも重要な要素だ。

なります。コンテンツ作品とのコラボカフェもその1つです。

コラボカフェは、放送中のコンテンツ作品や放送してまだあまり時間が経っていないコンテンツ作品などを中心に企画されますが、古い作品のコラボカフェも実施されることがあります。これは、かつてそのコンテンツが好きだった年代に向けた企画であると同時に、それまでそのコンテンツを知らなかった年代にも作品を知ってもらうきっかけになり得ます。

コラボカフェは、デパートの一区画やテナントビルの一室な

食事にも作品やキャラが！

食事はもちろんキャラをイメージさせるもの。食事をオーダーしなければもらえないノベルティグッズもあり、収集欲をそそられる。

どの比較的小さい店舗で運営されています。また、多くのコラボカフェが特定コンテンツを常設で展開するのではなく、期間ごとにコラボする作品を替えていきます。この期間限定というのも、消費者の心理に強く訴えかけます。アニメやマンガ、ゲームなどのコンテンツは日々新しい作品が供給されます。その結果、オタクやファンに支持される作品も目まぐるしく入れ替わることになります。期間が限定されているため、コラボカフェが開催されている間に来店することができない可能性もありますし、来られたとしても次にいつ来店のチャンスがあるかも分かりません。

また、店舗の規模の問題から一度に多くのファンが入店できないため、来店予約が取れないこともしばしばあるのです。オタクの心理として、入手しにくいものほど手に入れたくなるわけですが、この点をコラボカフェはうまく取り入れているといえます。

“同志”が集まれるカフェはオタクやファンの大切な場所

コラボカフェでは、店内にキャラクターの画像が貼られていたりコンテンツの映像が流れていたり、BGMがキャラクターソングであったりして「そのコンテンツで満たされる空間」が演出されています。

もちろん、カフェですから提供される食事も作品やキャラクターをイメージしたものばかりです。コラボカフェの多くはカフェ限定のグッズや、食事のオーダーごとにランダムで配布されるコースター等のノベルティがあります。

それらのグッズは、コラボカフェを利用しないと手に入れることはできませんから、収集欲が大きく刺激されるわけです。

自分の好きなものであふれた空間では、みんながお気に入りのキャラクターのぬいぐるみやアクリルスタンドと一緒に写真を撮ったりして、思い思いに時間を過ごしています。

同じコンテンツが好きな者同士が集まれるコラボカフェは、オタクやファンにとって、なくてはならない大切な場所なのです。

13 コンテンツツーリズムが地域にもたらす効果とは？

北海道には「ゴールデンカムイ」「思い出のマーニー」「銀の匙」など多くのアニメ聖地がある。また、ドラマ「北の国から」の舞台としても有名だ。
東京には1万7000以上の聖地が存在する！

経済効果だけではない魅力的な「聖地」の存在

ドラマや映画の舞台になったロケ地に足を運んだことはありますか？　他にもプロモーションビデオのロケ地に行ったことがあるという人もいるでしょう。これらのロケ地のことを「聖地」と呼び、聖地にオタクやファンが訪れることを「聖地巡礼」と呼んでいます。もちろ

聖地巡礼

九州にもアニメの聖地は多い。大分県の日田市は「進撃の巨人」の作者・諫山創先生の故郷として有名で、大山ダムにはエレン、ミカサ、アルミンの少年期の像が建てられている。

アニメの聖地は沖縄県にも。南城市は「白い砂のアクアトープ」とコラボし、バスの１日乗車券などのさまざまな企画を展開している。

んマンガやアニメ、ゲームの聖地も存在します。

　オタクやファンがアニメやマンガの聖地に旅行することを、コンテンツツーリズムと呼びます。ちなみに、これまでは映画やドラマの聖地に訪れることをフィルムツーリズム、アニメやマンガ、ゲームなどの聖地を訪れることをコンテンツツーリズムと呼んだりしてきました。しかし、現在ではアニメコンテンツをきっかけとした旅行行動はアニメツーリズムと呼ぶことが多くなりました。

　なぜ、研究テーマとしてアニメツーリズムが注目されたのでしょうか。聖地での経済波及効果がもたらされたからであると直感的に思うかもしれません。しかし、経済波及効果以外にも重要な意味がアニメツーリズムには隠されています。

　ディップの調査によると、２０２１年４月現在でアニメの聖地は５３１５ヵ所あるといいます。日本動画協会のデータによると、現在のアニメ市場では年間で約２００本以上のアニメ作品が新規に制作されますから、毎年聖地が増加していくことになります（前年からの継続で制作されたアニメを合計すると、年間およそ３００本以上のアニメが制作されています。２０２１年は３１０本のアニメが制作されました）。しかも、１つの作品にはたくさんの聖地が登場しますので、作品の数以上の聖地が増えていくわけです。アニメの聖地の増加の背景には、アニメの制作本数の増加とアニメ制作会社の制作スケジュールの多忙さもあります。現実に存在する場所を舞台設定として背景などに使用することで、効率的にアニメを制作できるという点があるからです。

都道府県別「聖地」の数

順位	都道府県	スポット数
1位	東京都	1712
2位	神奈川県	371
3位	京都府	269
4位	埼玉県	185
5位	岐阜県	149
6位	長野県	148
7位	静岡県	144
8位	千葉県	129
9位	兵庫県	120
10位	福島県	108
11位	北海道	97
12位	群馬県	88
13位	愛知県	86
14位	広島県	80
15位	大阪府	74
16位	奈良県	56
17位	茨城県	53
17位	滋賀県	53
17位	石川県	53
20位	長崎県	50
21位	鳥取県	48
21位	宮城県	48
23位	富山県	46
24位	山梨県	43
25位	福岡県	40
26位	青森県	39
27位	岡山県	37
28位	福井県	36
29位	新潟県	33
30位	岩手県	30
31位	鹿児島県	29
32位	香川県	26
33位	山口県	25
34位	栃木県	24
35位	山形県	23
36位	和歌山県	21
37位	沖縄県	19
38位	高知県	18
38位	三重県	18
40位	熊本県	17
40位	大分県	17
40位	島根県	17
43位	徳島県	10
43位	秋田県	10
45位	愛媛県	7
46位	佐賀県	6
47位	宮崎県	3

出典：聖地巡礼マップ「～都道府県～アニメ聖地数ランキング 2016」より

自治体が積極的に関わることで、企業や有志も参入しやすくなっている。

意外に多い？岐阜県内のアニメ聖地

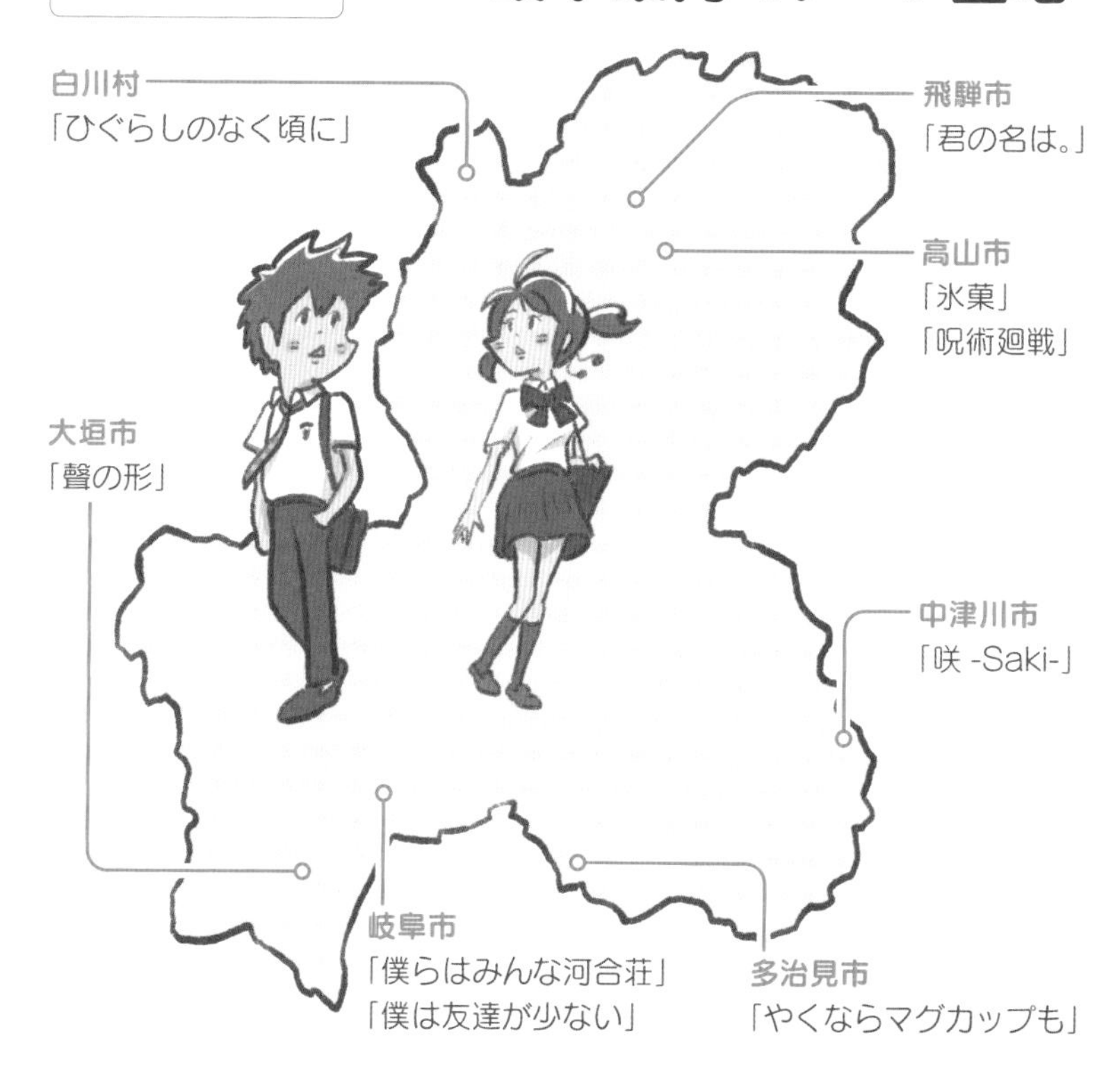

▼地域の経済を動かす「聖地巡礼」の力

聖地巡礼マップを運営するディップによると、アニメの聖地が最も多く登録されている都道府県は東京都で1810ヵ所、次が神奈川県で400ヵ所、3位が京都府で268ヵ所となっています。

意外なところでは、岐阜県には160ヵ所の聖地があります。岐阜県が舞台となったアニメでは『氷菓』（2012年）、『聲の形』（2016年）、『君の名は。』（2016年）、『やく

岐阜県における「聖地巡礼」の経済波及効果

合計253億円

直接効果　163億円
1次効果　60億円
2次効果　30億円

（※2次効果＝直接効果、1次効果により得られた資金や給与が消費にまわること）

アニメ＝地域経済が動く

雇用効果 2811人

出典：「岐阜県ゆかりのアニメ映画3作品の聖地巡礼による経済波及効果」（十六総合研究所）より

ならマグカップも』（2021年）などがあり、アニメの舞台として登場することが多い県です。十六総合研究所は、『君の名は。』を含む岐阜県が聖地となったアニメ映画による経済波及効果を253億円と試算しています。金額を見ると「アニメ＝地域の経済が動く」ことが分かると思います。

一方で、地域にもたらされた金額のみで聖地巡礼の成否を評価してはいけません。

岐阜県の例を見ると、決してアクセスしやすい場所が聖地としてオタクやファンに受け入れられているというわけでもなさそうです。

注目すべきは、決して有名ではない作品でもアニメツーリズム（コンテンツツーリズム）が行われるという事と、経済波及効果のみでは聖地巡礼の良し悪しを判断できないという事です。

ここにも、オタクやファンの心理に注目すると見えてくる「新しい気づき」が隠されているのです。この答えは別の章で説明をします。

オタクの経済 14

マンガやアニメでよく神社が出てくる理由とは？

神社は物語を展開するうえで重要な舞台装置となる！

現実でもアニメでも神社はパワースポット？

54ページで紹介したコンテンツツーリズムは、別名「聖地巡礼」と呼ばれています。この聖地巡礼という言葉は、もともと言葉遊びの一つであったとされています。アニメやマンガ、ゲーム、映画などの舞台が誰かにとっては無くてはならない大切な場所としての「聖地」を巡る「巡礼」と、宗教的な意味の聖地巡礼を掛けたわけです。

しかし、アニメやマンガの舞台としてよく神社が登場するのは偶然なのでしょうか。もちろん、アニメなどの舞台として実在の神社が登場すれば、それは聖地となりコンテンツツーリズム（この場合はアニメツーリズム）のきっかけとなります。

近畿大学の岡本健らは、アニメやマンガに登場する神社につ

日本には80847社の神社がある!

県名	神社数
北海道	792 社
青森県	885 社
岩手県	867 社
宮城県	947 社
秋田県	1147 社
山形県	1747 社
福島県	3053 社
茨城県	2498 社
栃木県	1915 社
群馬県	1216 社
埼玉県	2026 社
千葉県	3170 社
東京都	1454 社
神奈川県	1151 社
山梨県	1285 社
長野県	2459 社
静岡県	2842 社
岐阜県	3263 社
愛知県	3354 社
三重県	851 社
滋賀県	1444 社
新潟県	4679 社
富山県	2271 社
石川県	1875 社

県名	神社数
福井県	1706 社
京都府	1761 社
大阪府	734 社
兵庫県	3860 社
奈良県	1388 社
和歌山県	449 社
岡山県	1652 社
広島県	2693 社
山口県	752 社
鳥取県	824 社
島根県	1171 社
徳島県	1303 社
香川県	800 社
愛媛県	1250 社
高知県	2150 社
福岡県	3410 社
佐賀県	1104 社
長崎県	1325 社
熊本県	1393 社
大分県	2116 社
宮崎県	674 社
鹿児島県	1126 社
沖縄県	15 社

※数字は宗教法人を含む宗教団体数です
出典：文化庁　宗教統計調査（令和４年度）より

アニメ作品に登場する主な神社

神社名	作品名
三峯神社（埼玉県秩父市）	「鬼滅の刃」 「空の青さを知る人よ」ほか
箱根神社（神奈川県足柄下郡）	「新世紀エヴァンゲリオン」 「温泉幼精ハコネちゃん」ほか
神田明神（東京都千代田区）	「ラブライブ！」ほか
鷲宮神社（埼玉県久喜市）	「らき☆すた」
近江神宮（滋賀県大津市）	「ちはやふる」
宝満宮竈門神社（福岡県太宰府市）	「鬼滅の刃」ほか
高千穂神社（宮崎県西臼杵郡）	「鬼滅の刃」ほか

いて代表的な作品を取り上げて紹介しています。アニメなど含むコンテンツツーリズムでは、何気ない道端なども聖地化するわけですが、神社のような神聖な場所では守るべきルールや作法があります。岡本らの書籍ではその点についても分かりやすく紹介されています。

神社はアニメの重要な舞台装置

さて、アニメなどによく神社が描かれるのにはいくつかの理由が考えられます。

まず、神社独特の雰囲気がアニメの空気感の醸成に繋がるという点です。戦闘ものであれば、厳かな空気感が作中にプラスされますし、緩い日常を描いた作品であれば神聖な雰囲気とともに、キャラクターたちが集まれる場所としての役割を果たします。

また、神の前ではみな平等であるというメッセージを込めることもできます。巫女などの属性（キャラクターなどの性格のこと）を、付加価値としてキャラクターに持たせることもできるため、神社などの特徴的な施設の活用方法は多様です。

アニメに神社が描かれる理由

1. 神社独特の雰囲気がアニメの空気感の醸成に繋がる
2. 神の前ではみな平等だというメッセージを込める
3. 巫女などの属性を付加価値としてキャラクターに持たせる

印象的なシーンが描かれることも多い「神社」という舞台。活用法はさまざまだ。

神社などの神聖な場所はアニメやマンガなどのコンテンツにおいて、物語を展開していく舞台装置としての役割を担います。みなさんの身近にある神社なども、実はマンガやアニメの聖地として登場していて、オタクやファンたちの「聖地」になっているかもしれません。

アニメソング隆盛のきっかけは？

林原めぐみが牽引した「アニソン」文化の隆盛

みなさんの思い出に残っている「アニソン」は何ですか？アニメのオープニングとエンディングを飾り、作品に無くてはならないのがアニメソング（以下、アニソン）です。かつてはテレビマンガ主題歌と呼ばれたりして、アニメソングの地位は現在とは大きく異なるものでした。例えば、有名なアーティストがアニメの主題歌を担当することと、アニメソングを主に歌ってきたアーティストでは評価のされ方も大きく異なっていたはずです。アニソン専門のアーティストの登場や声優が主題歌を担当することも平成の時代に入って多く見られるようになりました。現在では、テレビでアニソンを目にすることもごく当たり前になっています。日本のアニソンは世界的にも認知され、日本のアニメ文化において重要なポジションを担っているのです。

ここからは、アニソン隆盛に大きく影響を与えた出来事をいくつか紹介します。

声優がマルチに活躍する時代の幕開け

まずは声優アーティストの登場です。１９９０年代の林原め

林原めぐみ　主な代表作

曲名	最高順位	登場回数
Just be conscious	11位	10週
Successful Mission	7位	7週
don't be discouraged	4位	8週
~ infinity ~ ∞	8位	9週
Northern lights	3位	9週

※発売日順　　参考：オリコン

声優アーティストの草分け的存在として知られる林原めぐみ。
「don't be discouraged」は声優アーティストとして初の初動売上 10 万枚を越えた。

ぐみがその代表例です。キングレコード（当時はスターチャイルドレコードというアニメ専門のチャネルがありました）の大月俊倫の先見の明で、声優の名義でCDを発売するという今では当たり前の流れを作ったのです。林原は、「スレイヤーズ」シリーズなどの主題歌をリリースし、ヒットを飛ばします。「セイバーマリオネットJ」の主題歌である「Successful Mission」（1996年発売）ではオリコン最高順位7位を記録します。さらに、「シャーマンキング」のアニメ後半で

奥井雅美　主な代表作

曲名	最高順位	登場回数
naked mind	38位	3週
Birth	32位	4週
天使の休息	20位	4週
labyrinth/時に愛は	29位	4週
only one, No.1	34位	4週

※発売日順　参考：オリコン

1993年にデビュー。当時のアニソン界では珍しかったロックシンガーとして名を馳せた。ライブも精力的におこない、アニソンが市民権を得るよい流れを生む。

使用された主題歌「Northern lights」（2002年発売）は、オリコンの最高順位で3位を記録します。オリコンのシングルランキングで声優の楽曲が1位を獲得するのは、声優アーティストである水樹奈々の「PHANTOM MINDS」（2010年発売）まで少し時間が空きます。

次に、アニソン専門のロックシンガーとしての奥井雅美のデビューです。奥井は1993年にキングレコード（スターチャイルドレコード）よりデビューします。レコード会社のプロデーサーである大月俊倫と音楽プロデューサー・矢吹俊郎のもとで、「女性アニソンシンガー」として多数の楽曲をリリースします。奥井の楽曲は当時のアニソンに多かった「かわいらしい」楽曲というよりも、サウンドプロデューサーの矢吹の手による「デジタルロック」を主体としたものでした。また、奥井は精力的にライブ活動も行い、生バンド演奏にこだわったのです。これは、アニソンであってもファンやオタクたちはライブで盛り上がりたいという潜在的な需要に見事にマッチしました。

このアニソンのよい流れは、その後矢吹もプロデュースに関わる水樹奈々に受け継がれることになります。アニソンが市民権を得ている背景には、その土台を作った先駆的な活動を行った人たちの苦労があるのです。

オリコンも巻き込んでの大々的なプロモーション

近年、オリコンのランキングの上位にアニソンがランクインするようになりました。これが顕著になったのが2005年の4月以降です。例として、2005年に放送された「魔法先生ネギま！」の主題歌「ハッピー☆マテリアル」を紹介します。この楽曲は2005年2月から6ヵ月連続リリースが行われました。登場する女子生徒31人を出席番号順にグループ分けして、毎月1グループの「ハッピー☆マテリアル」がリリースされるというのです。興味深いのは、2005年2月リリースの第1弾はオリコンの最高順位が8位、3月リリースの第2弾が11位と健闘をしています。さらに、4月リリースの第3弾が5位、5月リリースの第4弾が3位にランクインします。

声優によるシングル1位獲得曲（オリコン調べ）

発売日	曲名	アーティスト名
2010.1.13	PHANTOM MINDS	水樹奈々
2010.4.28	GO! GO! MANIAC	放課後ティータイム
2013.5.8	sister's noise	fripSide
2016.12.21	God's S.T.A.R	QUARTET NIGHT
2017.5.24	エチュードは1曲だけ	渋谷凛（福原彩香）ほか
2018.12.26	ハーモニクス	D/Zeal
2019.1.23	僕らの走ってきた道は…／Next SPARKLING!!	Aqours
2019.11.27	檄！帝国華撃団〈新章〉	帝国華撃団
2020.1.8	イニシャル／夢を撃ち抜く瞬間に！	Poppin' Party
2020.5.27	未来はオンナのためにある	ワルキューレ
2020.8.1	躍動	坂本真綾
2021.1.6	Photograph	Poppin' Party

参考：オリコン

この数字だけ見ると、「魔法先生ネギま！」の人気に火がついてアニソンブームが到来したと思うかもしれません。

このアニソン躍進の背景には、オリコンランキングの協力店の増加も指摘されます。2005年3月まではアニメショップのCDの売上げがランキングに反映されておらず、2005年4月以降にはアニメショップの売上げもランキングの対象になったというものです。これに伴い、アニメショップもランキングを意識してCDをプロモーションしたり、イン

アニメ関連ライブの市場規模

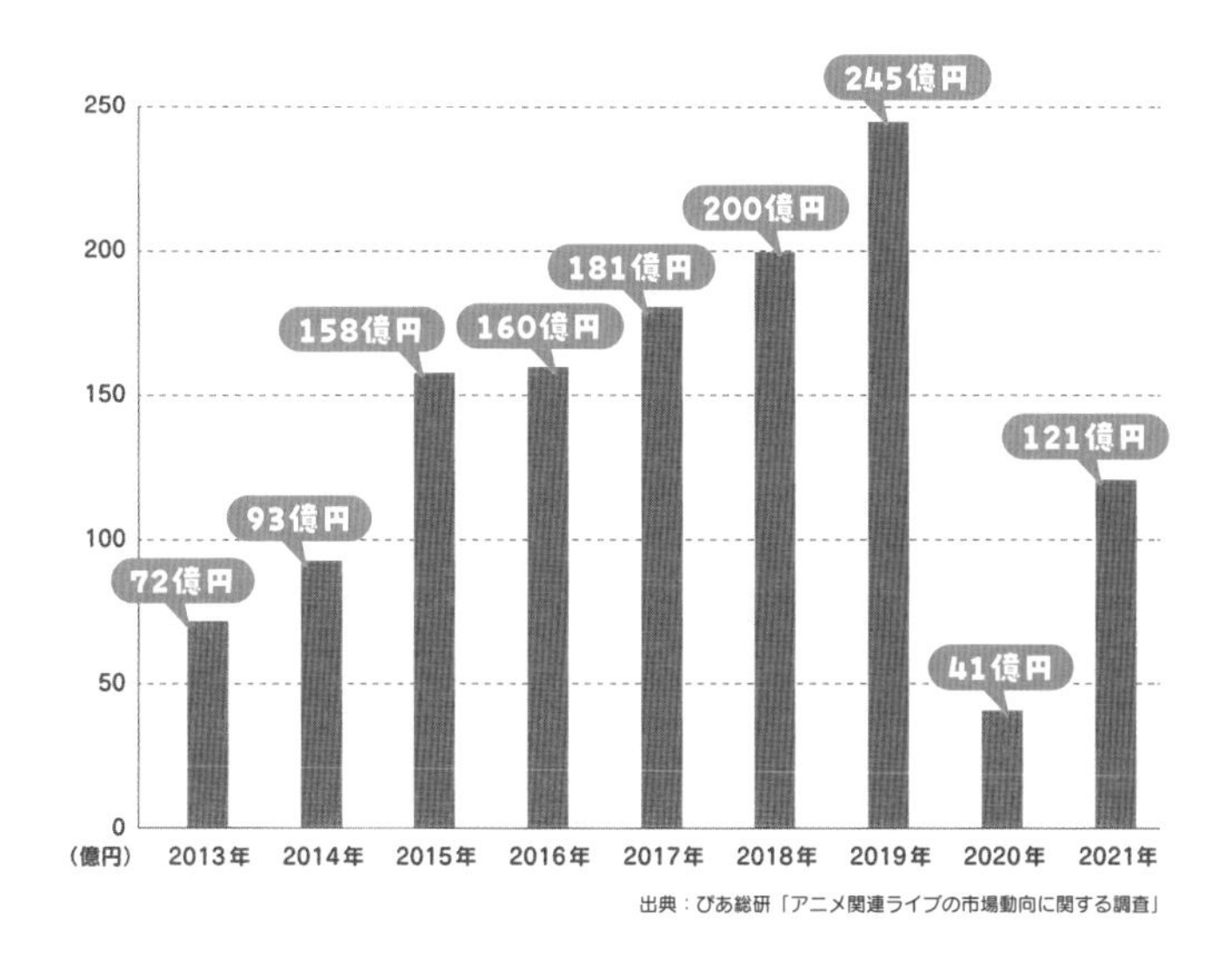

出典:ぴあ総研「アニメ関連ライブの市場動向に関する調査」

コロナウイルスの蔓延により一時売り上げは落ちたが、2021年には徐々に回復。21年8月には国内最大のアニソンフェス「Animelo Summer Live」が開催され、3日間で1万5000人を動員した(2022年も開催)。

ターネットの匿名掲示板では特定のアニソンをオリコンランキングの1位にしようという動きが発生したりしました。

当時の音楽番組では、オリコンランキングの10位以上の楽曲とそれ以外の楽曲では放送される時間も異なりました。そのため、アニソンを10位以内にランクインさせてオタクではない人にもアニソンを聴いてもらいたい、共感してもらいたいという心理も強く働いたと考えられるのです。

オタクの経済

キャラクターには誕生日が必要？

キャラへの愛情を可視化 "好き"が生活を豊かにする

多数のアニメが制作され放送されている現在では、いかに消費者の記憶に残る作品を創作し、ブルーレイディスクなどのパッケージソフトや関連グッズを購入してもらうかということについて、日々試行錯誤が続いています。ブルーレイディスクの初回限定盤に、イベントの優先応募券や購入者特典が封入されていることも多いのは、そのような理由があるからです。

しかし、アニメ放送が終わってしばらく経つとブルーレイディスクの販売も終わり、関連グッズの数も徐々に減少していきます。多くのアニメが1クール（3か月）での放送のため、放送終了後はすぐに新しいアニメの放送が始まります。よほど人気のあるコンテンツでない限りは、アニメ放送が終了すると新しく放送開始したアニメに話題が移っていきます。

このように、アニメ作品のトレンドが目まぐるしく入れ替わる市場において、オタクの心理を掴み共感してもらう仕掛けの1つとして、「誕生日」の設定があります。キャラクターたちはあくまで虚構の存在ですから、私たちと違って年を重ねていくことはありません。

誕生日がある理由

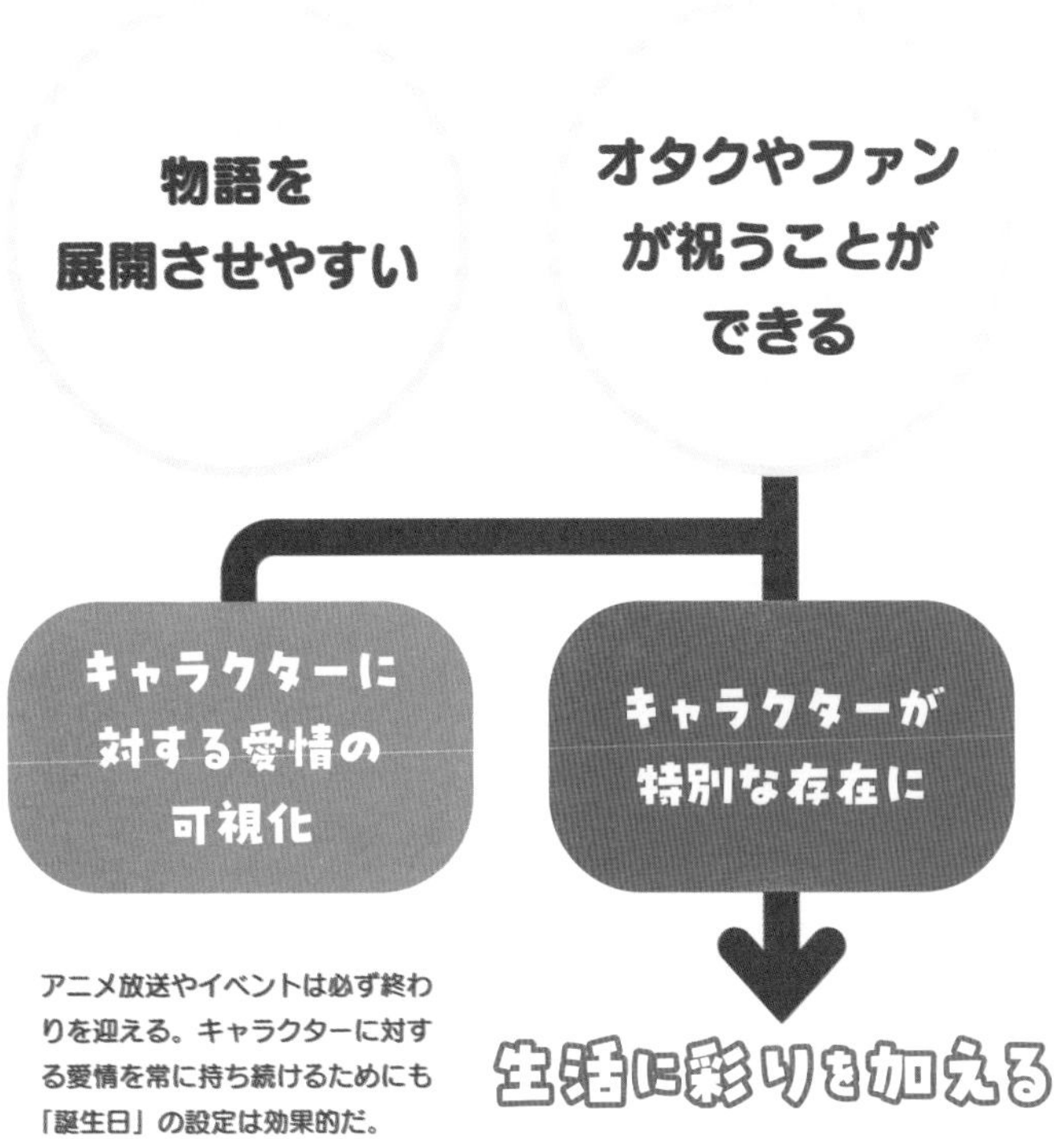

物語を展開させやすい

オタクやファンが祝うことができる

キャラクターに対する愛情の可視化

キャラクターが特別な存在に

生活に彩りを加える

アニメ放送やイベントは必ず終わりを迎える。キャラクターに対する愛情を常に持ち続けるためにも「誕生日」の設定は効果的だ。

ではなぜ、キャラクターたちに誕生日が必要なのでしょうか。まずは、作品の中で誕生日に関する物語を展開させやすいということがあります。

次に、オタクやファンたちが誕生日を祝うことができるという点があります。この誕生日を祝う行動は、興味深い見方ができます。1つ目が、キャラクターに対する愛情を可視化できるということです。架空のキャラクターをお祝いするという行動そのものが、オタクがキャラクターを特別な関係として認識していることを意味します。2つ

ファン同士が繋がり、みんなで誕生日を祝うイベントも定着している

好きなキャラクターのぬいぐるみやグッズを集めケーキで誕生日を祝う。このような行動はキャラクターや作り手への感謝の気持ちを伝えていると考えられる。

動画サイトではキャラクターの誕生日に合わせ、一挙放送を行ったりしてお祝いすることも。ファン同士でコメントを投稿し合ってキャラクターをお祝いするのもひとつの文化だ。

目は、キャラクターが特別な存在としてオタクに認識されている場合、そのキャラクターが存在することで生活が豊かになっていると考えられます。

好きな対象がなければ、オタクとしての活動を行うことはできません。つまり、好きなキャラクターの誕生日をお祝いすることは、キャラクターへの感謝の気持ちを伝えていると考えられるのです。さらにいえば、キャラクターを生み出したのはクリエイターですから、キャラクターが生み出されたことに感謝するということは、キャラクタ

コラボカフェでは「生誕祭」が開催されることも！

ーの先にいるクリエイターに対する感謝へと繋がっていきます。

アニメの放送やマンガの連載が終了してしまっても、キャラクターや作品の記念日を祝うことはできます。

オタクたちの心にキャラクターや作品が残り続ける限り、コンテンツが終わることはありません。今日もどこかで、オタクたちによるお祝いが行われていることでしょう。

17

オタクは経済を支えているの？

日本のGDP（国内総生産）は約530兆円

オタク市場の規模は約4110億円とも2兆円ともいわれるが、推定する市場に大きな差があるため、正確な数字はわからない。

▼日本経済にも重要なコンテンツ市場の規模

野村総合研究所が2005年に調査したオタクの市場規模は、4110億円となっていました。

一方で同時期に出版された書籍では、広義の意味でのオタク市場は2兆円規模であるという指摘もあり、推定する市場規模に大きな差があることが分かり

世界における日本の広義のアニメ市場

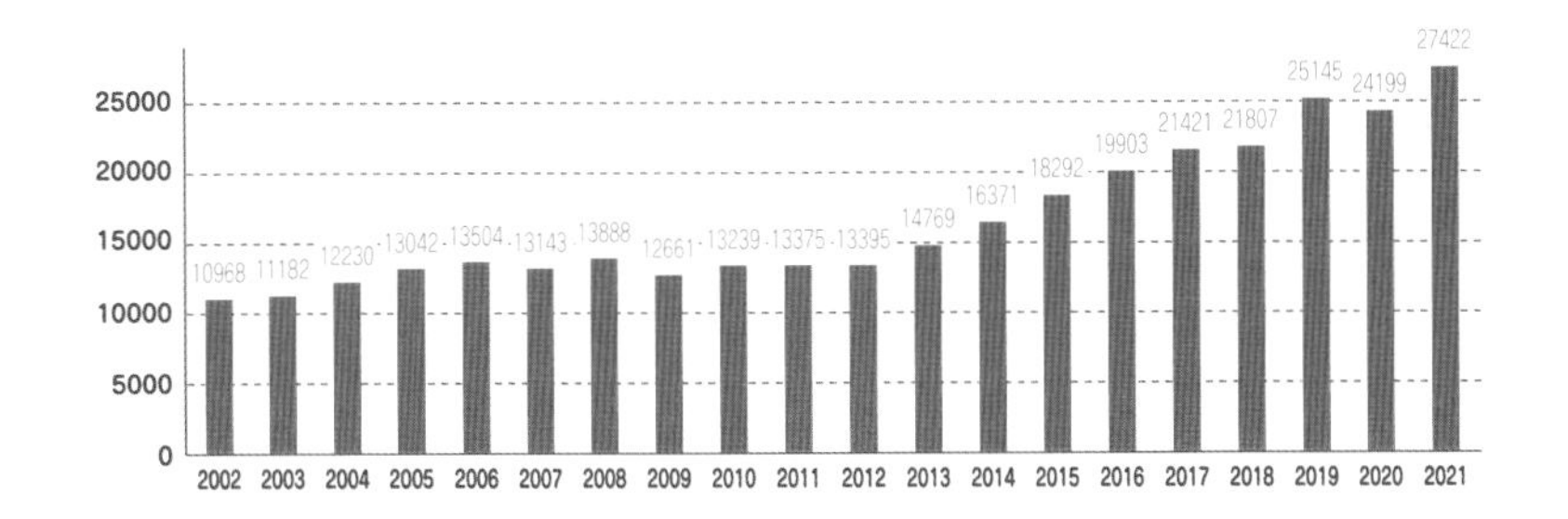

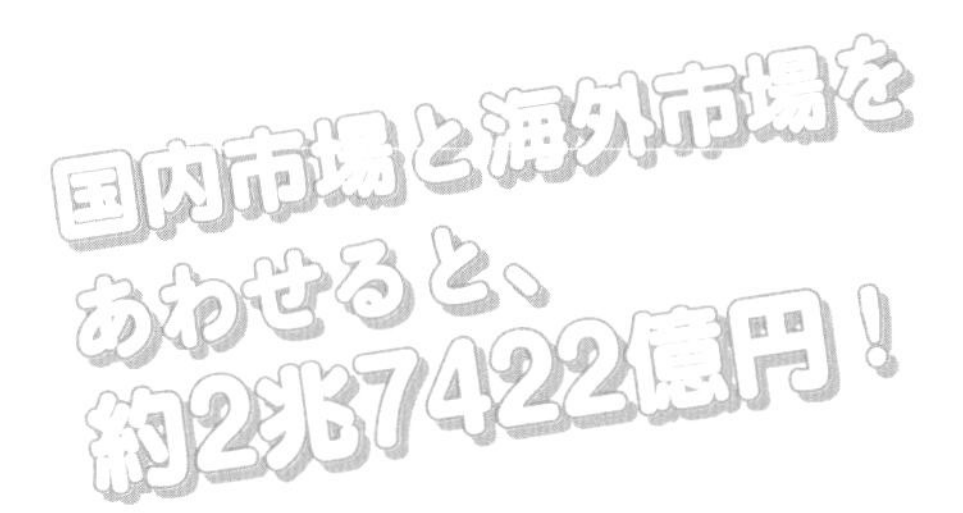

出典：公的の統計ならびに日本動画協会が
行なっているアンケートに基づき
アニメーションビジネス・ジャーナルが作成

ます。

しかし、当時のオタク市場の研究に共通して認識されていることは、オタク市場はこの先成長を続けていくという事でした。確かにオタク市場は拡大、成長をしているとさまざまな調査により示されていますが、これらの数字をもとにオタクが経済を支えている、あるいはオタクは経済を回していると考えてよいのでしょうか？

日本動画協会の統計では、国内アニメ市場（アニメを中心とした関連産業までを含む広義のアニメ市場）の規模は、

コンテンツ産業の規模

		2020年規模	前年比	2021年推計	規模
日本のGDP		546兆8340億円	3.9%減	557兆2238億円	予測1.9%増
国内コンテンツ市場		13兆1632億円	4.6%減	14兆2159億円	推計8.0%増
メディア別内訳	オンライン	5兆2994億円	10.7%増	6兆803億円	推計14.7%増
	パッケージ	3兆5270億円	6.6%減	3兆4491億円	推計2.2%減
	放送	3兆5376億円	8.1%減	3兆7370億円	推計5.6%増
	興行・施設	7992億円	42.0%減	9495億円	推計18.8%増
分野別内訳	映像	4兆3201億円	7.6%減	4兆5243億円	推計5.4%増
	音楽・ラジオ	7156億円	30.5%減	7642億円	推計6.8%増
	ゲーム	2兆1518億円	1.4%減	2兆4008億円	推計11.6%増
	出版・新聞等	3兆7467億円	1.4%減	3兆7973億円	推計1.4%増
	オンライン広告	2兆2290億円	5.9%増	2兆6993億円	推計21.1%増

出典：ヒューマンメディア「日本と世界のメディア×コンテンツ市場データベース Vol.15（速報版）」

コンテンツ産業全体では14兆円（2021年）を超え、日本経済にとっても重要な役割を担っていえるといえそうだ。

2021年で1兆4288億円であったとしています（売上げをもとに広義ではないアニメ市場のみの市場規模は、2972億円としています）。さらに、海外における日本のアニメ市場は2021年に1兆3134億円の規模であったとしています。国内市場と海外市場を合計すると、日本のアニメ市場の規模は、2兆7422億円となり2兆円を大きく超えていることが分かります。3兆円規模の市場に到達するのも、そう遠くはないでしょう。

日本の２０２１年の実質国内総生産（実質ＧＤＰ）が約５３０兆円ですので、それと比較するとオタク市場は経済活動にわずかな貢献しかしていないという事になります。

一方でヒューマンメディアによると、２０２１年の日本のコンテンツ市場の規模は、14兆２１５９億円であったと推定しています。この数字をみると、コンテンツ産業が日本経済にとって重要な役割を担っていることが分かります。この数字の中の一部に、オタク市場も含まれていると考えると分かりやすいでしょう。

数字で比較すると、オタクは強い消費のパワーはあるものの経済を支えるまでには至っていないという見方もあります。

それでは、どうしてオタクは経済を動かしていると考えてしまうのでしょうか。

それは、消費金額の相対的な大きさと、オタクの消費に関するイメージ、オタクの消費が他の消費と比較して、消費に関する実感を得られやすいなどが考えられます。ただし、オタクの消費が新しいコンテンツやサービスを生み出すための源泉になっていると捉えると、オタク市場で経済がうまく循環しているというのは間違っていません。さらに、この先も成長が期待できる市場であるという評価もできます。

オタクは特定の財やサービスに一定以上の金額を費やしています。もちろん、消費するために時間が掛かることもあるでしょう。見方を変えると、私たちの日々の消費は経済学的には投資の意味もあります。私たちは労働の対価として得た賃金を衣食住や娯楽、貯蓄にと計画的に消費します。このような当たり

自分の消費が与える影響を「想像できること」が重要

〈推し〉 ホスピタリティ 〈オタク〉

お互いに満足し、
信頼関係を高め
ともに価値を高めていく

potato

前の行動は、実は経済学的にも合理的な行動といえます。しかし、私たちがスーパーマーケットで買い物をすることはそのお店に貢献していることは間違いないのですが、どの程度貢献しているかと言われると、回答に困ってしまうのではないでしょうか。

一方で、オタクたちはこれまでの説明の中でも「少し変わった」消費をしていることが分かったと思います。その消費の背景には、夢中になる対象と消費者であるオタクの関係性に着目する必要があります。そのキーワードとなるのが「ホスピタリティ」です。ホスピタリティに関しては、別のページで説明をします。

自分の消費が推しの市場にどう影響しているかを想像

　オタクたちが好きな対象や推しなどを「身近な存在」と認識しているとき、オタクと好きな対象の関係にはさまざまなものが考えられます。84ページのグラフで示していますが、ジャニーズオタクが推しのアイドルと構築するバーチャルな関係性もその1つです。この身近な存在にお金を消費することは、一種の投資と同じことになります。しかし、ファンと密接に関わることができるアイドルなどは、投資した成果を想像しやすいですが、多くの場合は自分の消費分がどの程度好きの対象や当該市場に影響を与えたかについては、想像するしかありません。

　この「想像できる」ことが、納得して好きなものに消費することに繋がっているのではないでしょうか。

　いくらたくさんのコンテンツなどが供給されたとしても、オタクたちの消費がなければ新しいコンテンツは生み出されません。オタク市場の金額だけ見れば、オタク市場では様々なカテゴリーごとに、1人当たりの消費金額もまちまちであることが分かります。もちろんビジネスですから、オタクの消費金額をいかに増やすかということも重要です。

　しかし、そればかりに目を向けてしまうと、オタクと財やサービスとの関係性が希薄になってしまいます。そうなると、オタク市場が衰退していってしまう可能性もあるのです。

18 こだわりが強いオタク同士って対立しないの？

こだわりの強さは、ときに排他的態度、マウンティング、同担拒否などの対立を生む！

価値観が同じ者同士で集団を形成するオタクたち

みなさんは、自分のこだわりのある分野はありますか？　ファッション、ヘアスタイル、自動車、食事の好みなど人間には誰しもなにかしらのこだわりがあるものです。

例えばアニメでも登場人物が多数出てきますし、アニメ自体がストーリー、キャラクター、脚本、演出、背景、音楽などの多くのクリエイターの手によって生み出される複合芸術としての側面があります。オタクやライトオタク（ファン）たちは、それぞれの視点でコンテンツを楽しんでいます。作り手であるクリエイターたちのこだわりや、他のコンテンツとの違いを見抜くことができるオタクの視点のことを岡田斗司夫は「進化した視覚」と呼びました。

岡田斗司夫氏の唱える
「進化した視覚」とは？

**オタクは作り手である
クリエイターたちのこだわりや、
他のコンテンツとの違いを
見抜くことができる視点を持っている。**

こだわりが多岐にわたるオタク文化やサブカルチャーでは、さまざまな「進化した視覚」が乱立していることになり、その鋭い視点でそれぞれの楽しみを見つけ、楽しんでいるのです。

進化した視覚は、こだわりのある分野に精通するほど豊かになっていきます。新しく供給されたコンテンツに対して、評価する視点としての役割も担います。そのため、こだわりが多岐にわたるオタク文化やサブカルチャーでは、さまざまな「進化した視覚」が乱立していることになります。そのため、オタク同士の関係性については多くの研究がなされています。

まず、オタク同士は価値観が同じもの同士が結びつき集団を形成するという議論があります（これは島宇宙論と呼ばれてい

オタクはそれぞれの島を形成している？

同じコンテンツであっても、そのなかに新たな価値を見出して共感する仲間を探し、その集団に属することで“好き”を共有する。その結果、いくつもの「小さな島」が誕生し、ときに対立をしていると考えられるのです。

る理論です）。それぞれの価値観に基づく集団が島を形成しているというイメージです。そして、周囲にはたくさんの別の島が存在しています。別の島は、自分が所属している島とは異なる価値観によって生み出された集団であり、島同士は排他的な態度を取ると考えられています。1つのコンテンツでも、互いに考えが異なる「解釈違い」と呼ばれる認識のずれが生じることがあります。この場合は、所属する島も異なることになります。現実での島宇宙は多様で複雑なネットワークを形成しているのですが、「同じ分野のコンテンツなどが好き」という共通点があります。

例えば、山岡重行らの研究では、ジャニーズオタクがどのような視点からアイドルを消費しているか研究をしています。そこでは、アンケートに回答した人たちの中で自担（自分の応援するアイドル）をどのような視点で捉えているかという項目に、母親目線という回答が51%、恋人目線が30%、同級生目線が13%などという結果が紹介されています。アイドルを疑似的な恋人ではなくて、母親として育てている、成長を見守っているという楽しみ方をしている人が多いという事でしょうか。

過度なマウンティングはライト層参入の障壁に？

また、ニッセイ基礎研究所によるとオタクの人間関係において、他者に対する排他的態度、同担拒否、マウンティングと呼ばれる行動が見られると指摘されています。排他的態度は、他者を排除したり、認めたくないために望ましくない態度を取ることです。この行動はライトユーザーがオタク市場に参入しにくくなる参入障壁になり得ます。

同担拒否は、好きな対象が同じ者同士（これを同担と呼んで、好きな対象や推しを応援することを「担当」と呼びます）を嫌い、排他的な態度を取ることを指します。この行動もオタク同士の対立の原因になります。

マウンティングは、自分が特定のコンテンツで一番であることを誇示するための行動です。同担拒否、マウンティング、排他的行動は、オタクの行き過ぎた独占欲、自己顕示欲や承認欲求による行動であると解釈されます。

実は少ない？　同担拒否をする人たち

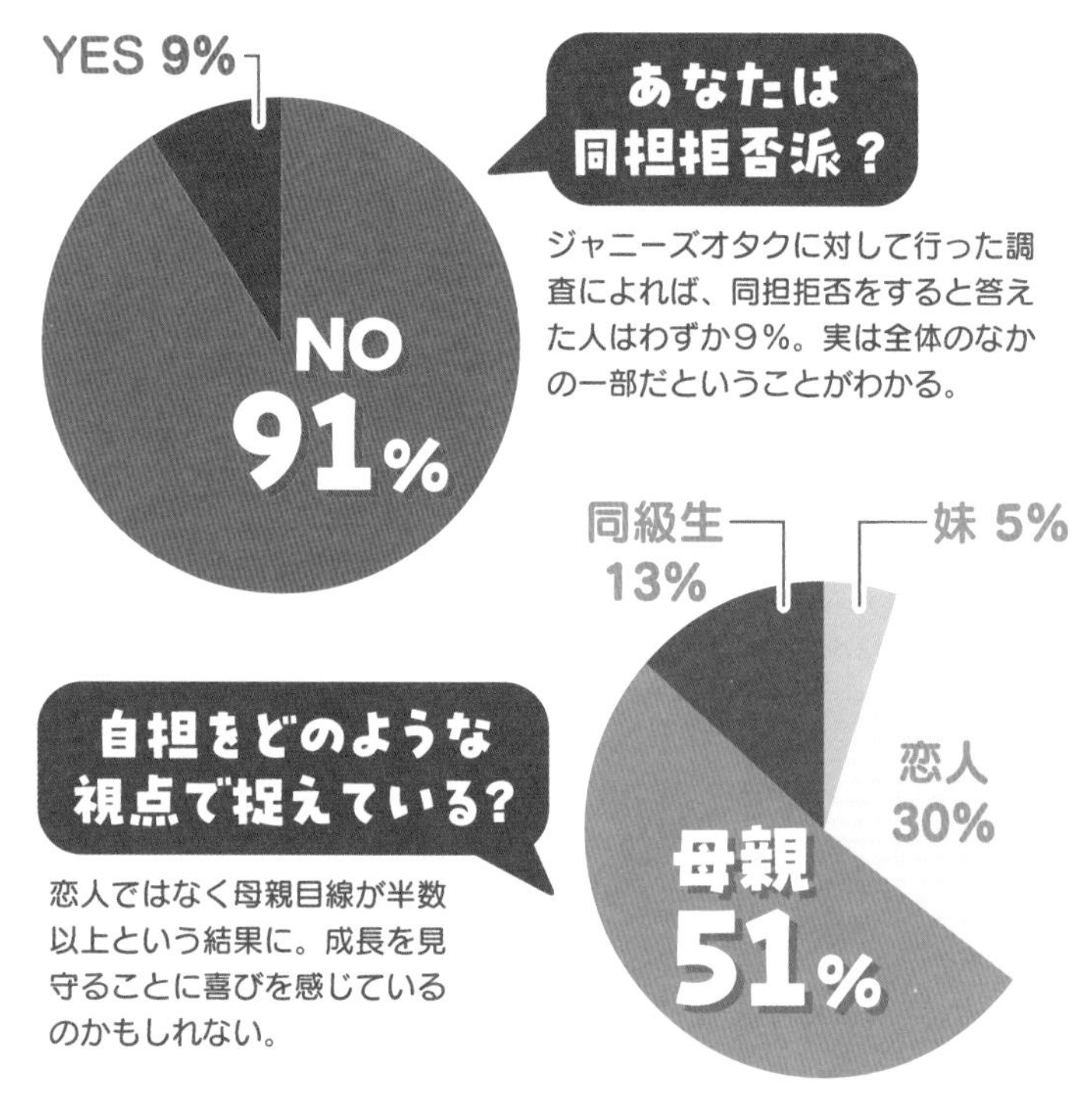

出典；山岡重行編『サブカルチャーの心理学 カウンターカルチャーから「オタク」「オタ」まで』（福村出版／2020年刊行）

傾倒する対象が自分の生活に無くてはならない存在で、特にコンテンツに消費する場合には、手に入れるまでに費やした時間や熱量を他者へアピールしにくいという側面があります。そのような事情も、オタクの望ましくない行動の原因となります。

これらは、独占欲や自分が優位でありたいという気持ちによる望ましくない行動であると考えられます。先に紹介した山岡らの研究では、ジャニーズオタクに対してあなたは同担拒否の心理があるかどうかも調査して

同担歓迎の条件は？

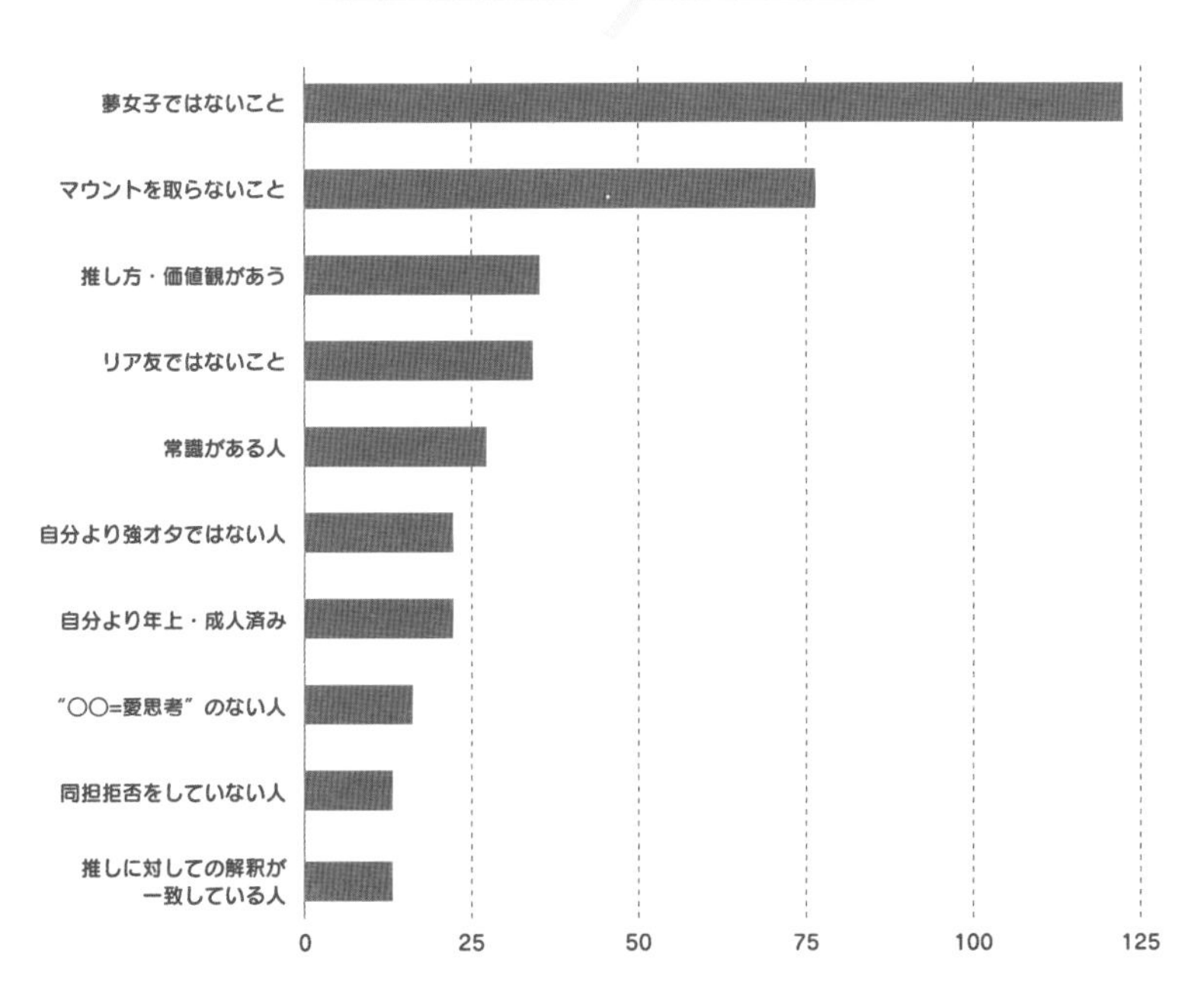

出典：WE LABO「オタク女子に聞いた同担OKの条件とは？」（回答数：563）

います。

その結果では、同担拒否を「する」と答えた人は全体の9％でした。これは、ジャニーズオタクは同担拒否をするものだというイメージを覆す結果になっています。また、別の調査では「同担歓迎の条件」として上図のような結果も出ています。このような結果は、同担拒否に留まらずマウンティング、排他的態度や社会のモラルを逸脱する行動を取るオタクは、実は全体の中のごく一部ではないかと再考するきっかけを与えてくれるのです。

オタクの経済

推し活疲れの経済学的メカニズム

推し活疲れの経験者はなんと7割!

※調査対象／1088人

推し活に疲れたことがある?

ない 30%

ある 70%

出典：otalab(https://otalab.net/)

幸せなはずなのに推し活疲れがある?

オタクラボ（株式会社アップデイト）の調査によると、推し活をしている女性の約7割が「推し活疲れ」を経験しているというのです。好きな対象に時間と費用を費やし応援する推し活は、オタクやファンたちにとって幸せな営みのはずです。これからの時代のオタク的消費の1つとして推し活が重要な役割を担うのであれば、この推し活疲れのメカニズムを理解しないことにはオタク市場の今後は予想できません。

この調査では、推し活のジャンルとして「VTuber」が多いという事が指摘されています。この調査での興味深い点は、自由に使えるお金のうちどの程度推し活に費やしているかという項目で、さまざまな推し活のジ

自由に使えるお金、どれくらいを推し活にかける？

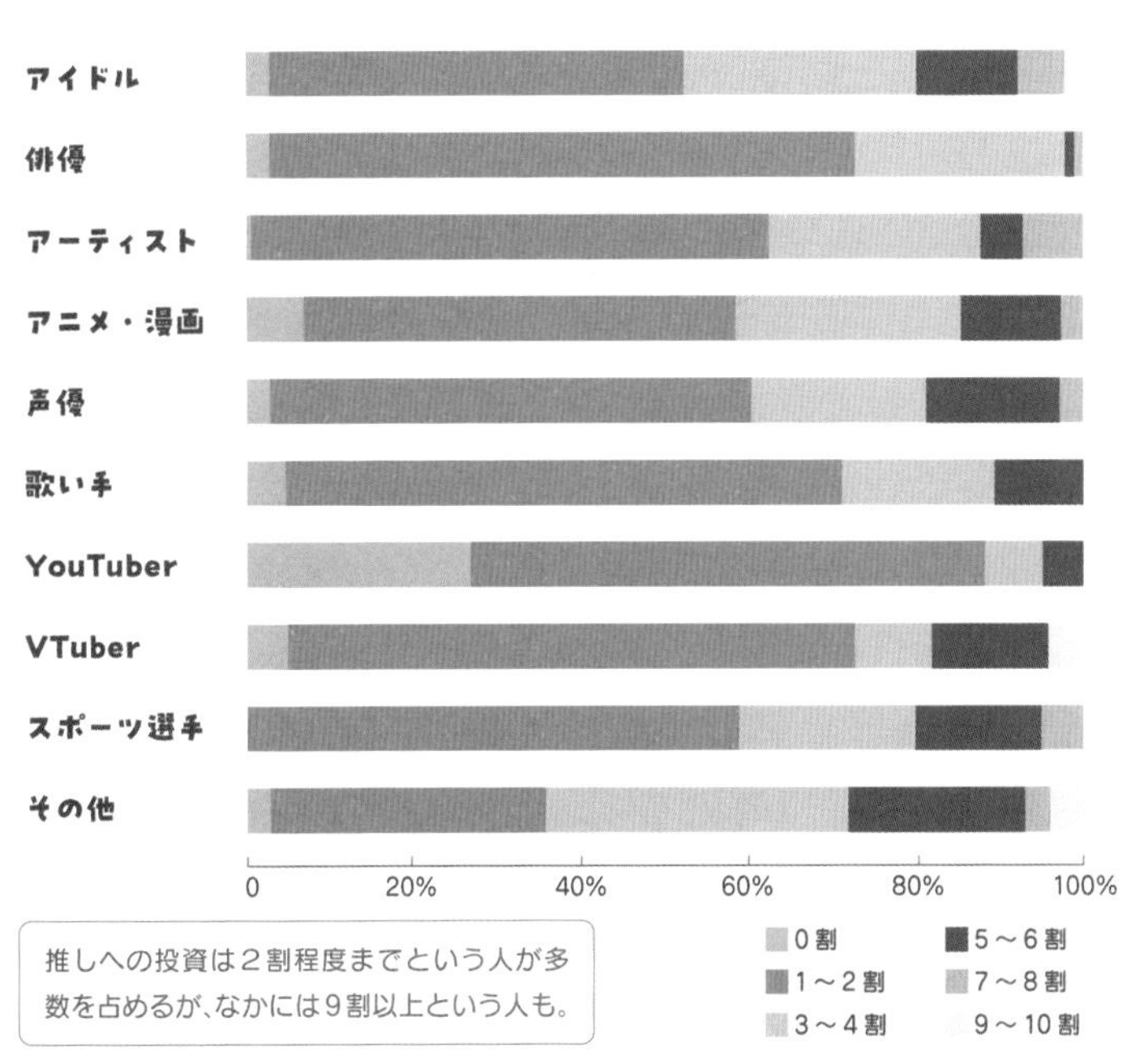

推しへの投資は２割程度までという人が多数を占めるが、なかには９割以上という人も。

出典：otalab(https://otalab.net/)

ャンルがありますが、おおよそ2割程度までという回答が多いことです。さらには、推し活へ費やす金額が多くても、推し活疲れとは相関性が無いことも指摘されています。つまり、たくさん推しにお金を使ったとしても、それが推し活疲れに直接的には影響していないのです。この推し活疲れの原因を少し経済学的に掘り下げてみましょう。

つぎ込む金額と推し疲れの関係は？

私たちは日々多くの情報に触れ、その中から必要な情報を選

推し活への出費と推し疲れの関係

※調査対象／1088人

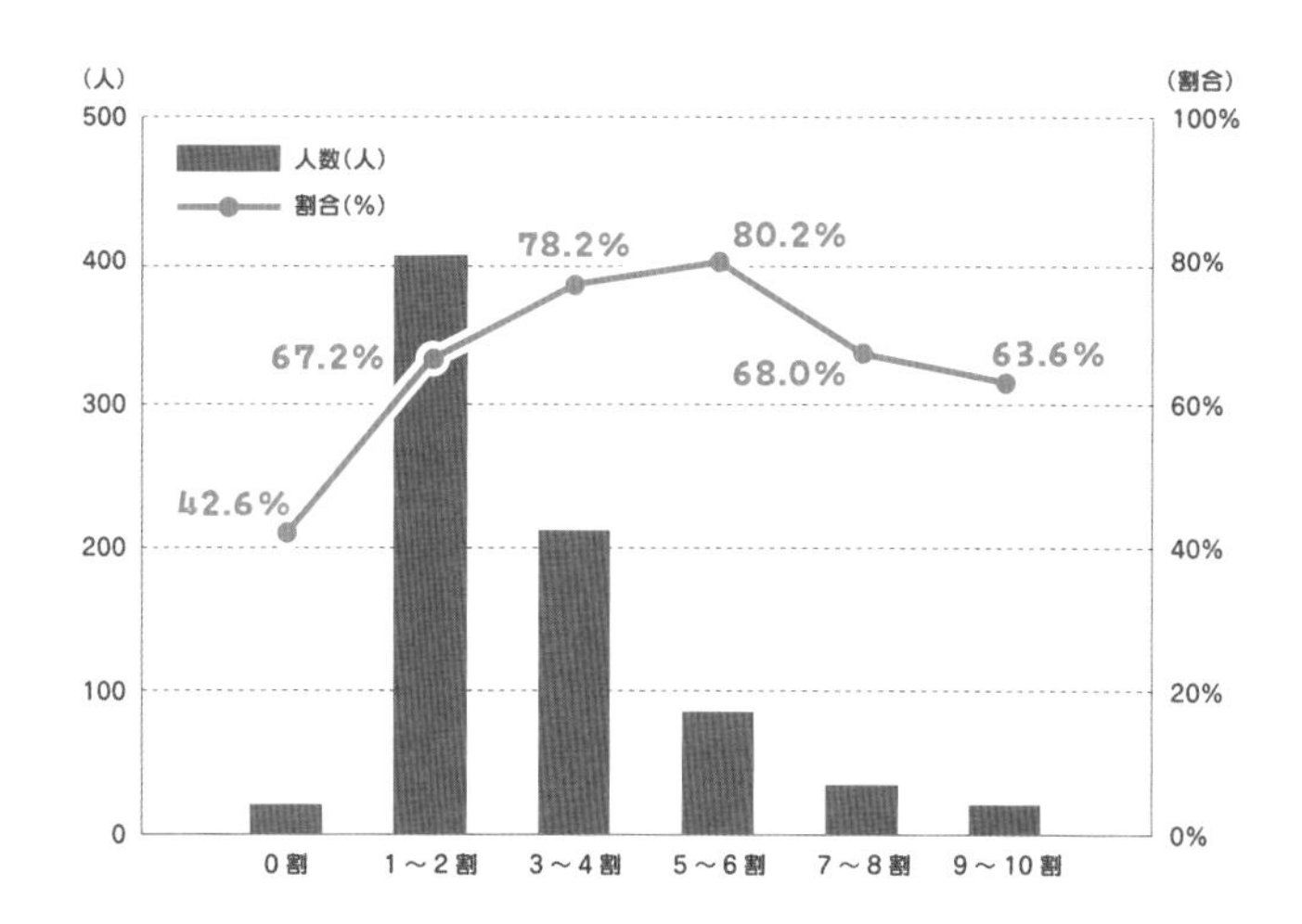

費やした額と推し活疲れには相関性がないということが読み取れる。

出典：otalab(https://otalab.net/)

別して意思決定をしています。

この好きなものへの出会いというものは、たくさんある可能性の中から自分の心を動かされる対象に出会ったといういわゆる偶然の一致に近いものがあります。推しが決まると、ファンたちはその推しの情報を集めたり、イベントに参加したりなどの行動を起こします。これは、推しが決定したことによって情報が集めやすくなるという〝推しフィルター〟が機能していると考えると分かりやすいと思います。そして、自由に使えるお金の中から推し活への消費金額

プライベートな時間、どれくらいを推し活にかける？

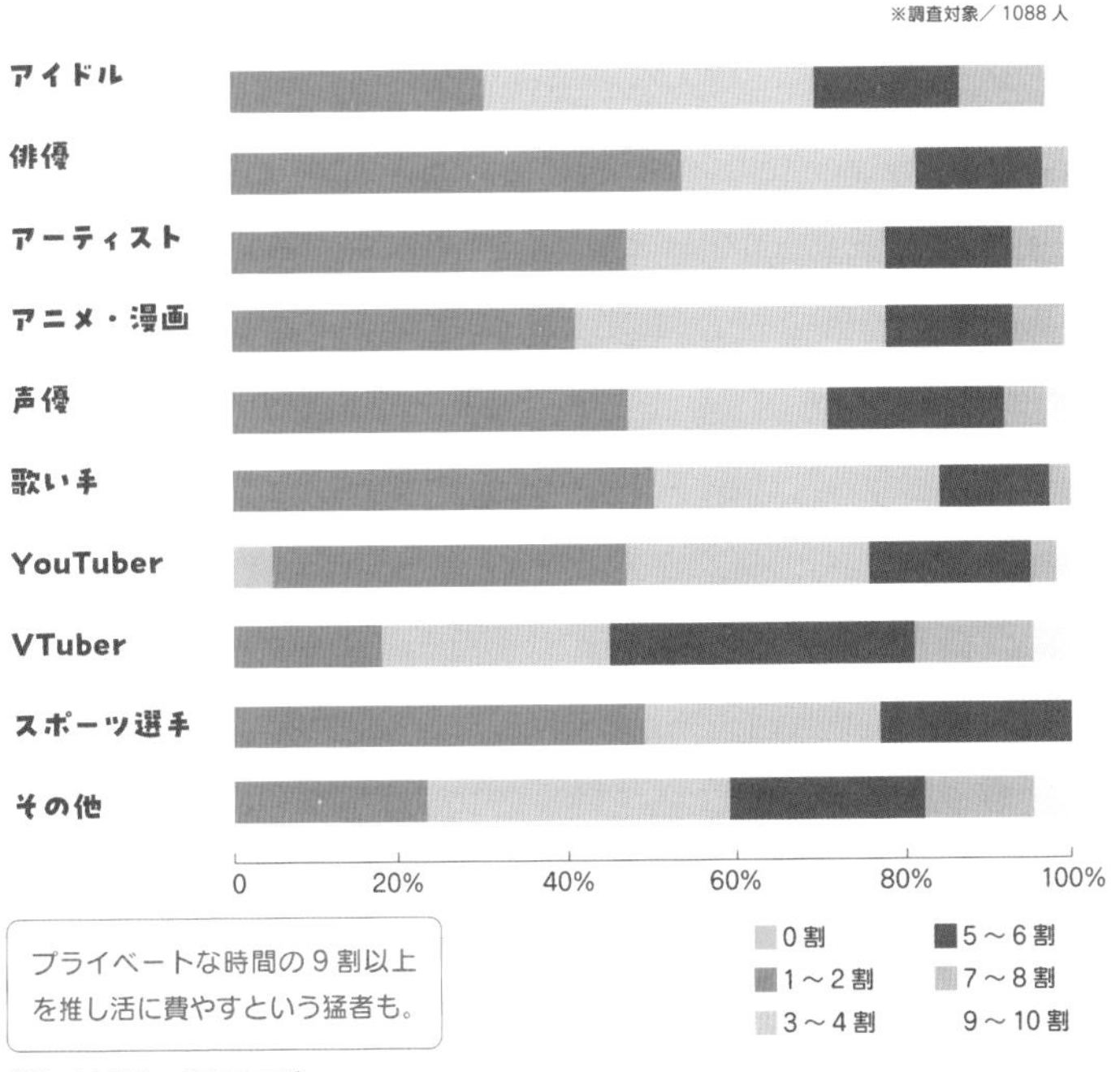

を決めるわけです。

この好きになった対象である推しもファンたちを楽しませるために多様な企画を用意します。また、VTuberなどの同種のコンテンツが多く新規参入が多いジャンルであれば、ファンを獲得するために積極的に活動を行います。そのため、推し活をしているファンは自由に使える金額でカバーしきれなくなれば金額の割合を増やすか、自由に使える金額内でのみ推し活を続けるか、あるいは推し活を辞めるかという選択をすることになります。

推し活への消費時間と推し活疲れ経験の相互性

※調査対象／1088人

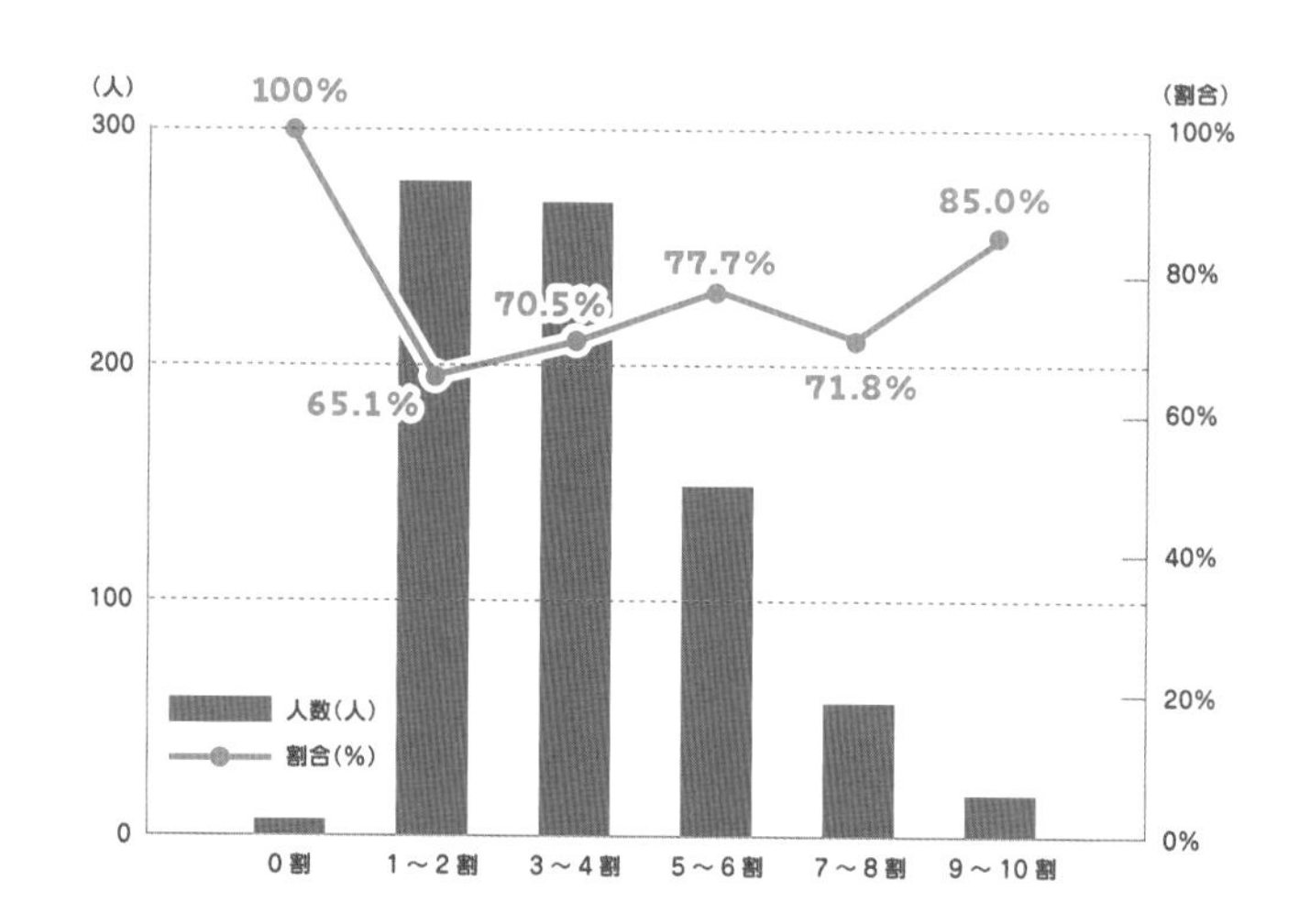

例外はあるものの、費やした時間と推し活疲れには相関性がみられる。

出典：otalab(https://otalab.net/)

ストレスにならないよう無理のない推し活を！

この推し活に費やした金額を、行動経済学では「サンクコスト（埋没費用）」と呼びます。これは、すでに支払い済みの費用で回収できないコストのことを意味します。サンクコストの厄介なところは、もし推し活を辞めてしまえば、それまで推しに費やしたコストが回収できない費用として確定してしまうという点です。そのため、推しに対する情熱が薄れ始めてもお金を使い続けるという行動を取り続けてしまうのです。

また、サンクコストと別の部分では推しの活動が活発であればあるほど、情報やグッズ、イベントなどの供給が過多となり、それが心理的なストレスにもなり得ます。

通常、同じ財やサービスを消費すればするほど徐々に満足度が減少していくという「限界効用逓減の法則」という理論があります。推しに出会った頃の推し活への消費と、ある程度推し活の期間を経た消費（同じ推しへの消費）では満足度（経済学ではこれを効用と呼びます）は前者の方が高くなるという考え方です。

一方で、ファンたちの効用を下げないために供給者側である推しも工夫を凝らして活動を行っているといえるのです。この消費者であるファンと供給者である推しがうまく噛み合わないとファンが離れていき、推しも活動ができなくなります。

オタラボの調査でも、推し活疲れには推しとの距離を少し取ってみるなどが必要と述べられています。情報に混乱し、推し活に意味を見いだせないまま消費を続けることは合理的ではありません。また、推しはそのファンにとっては代替の利かない存在であるため、別の推しに乗り換えるという意思決定はなかなかできません。つまり、それぞれのファンは無理のない推し活を実践していくことが望ましいのです。

推しに費やした費用はサンクコストとなりますが、推しと過ごした時間や思い出は記憶に残り続けます。この思い出たちはサンクコストの呪縛を超えて、人生を豊かにしてくれる大切な要素であることに違いはありません。

「くだらない」がサブカルチャーのキーワード？

一見すると、なぜ魅了されているか分かりにくいのがサブカルチャーやオタク文化です。似たようなキャラクターや商品、違いが分かりにくいものもたくさんあるのですが、それらには「わずかでも大きな違い」「消費者のこだわりに応えるポイント」「供給者（作り手）のこだわり」が含まれています。このような、わずかな違いを見抜くオタク的視点のことを岡田斗司夫は先に

すべてのおたくやオタクたちが創作活動をしているわけではないと思うかもしれません。しかし、サブカルチャーやオタク文化の中に参加し、それらを享受し、さまざまな形で文化を生活の中に取り入れているとするならば、おたくやオタクにとっては、消費することが新しいサブカルチャーやオタク文化を生み出しているとも考えられるわけです。

▼「くだらない」を面白がり新たな文化を生み出す

おたくの起源は、ＳＦオタク（厳密にはＳＦおたく）であったと説明しました（20ページ）。当時のおたくも現在のオタクにも共通する部分があります。それは、他人には理解されにくい部分に強烈に惹きつけられ、消費や創作活動を行っていったという点です。

紹介した通り「進化した視覚」と命名したわけです。

さらに、インターネットの発達とSNSの普及で誰でも気軽に情報を入手、そして発信できるようになりました。現在では、交流目的の用途に合わせたSNSが提供されています。

かつてインターネットの匿名掲示板では、その利用者同士で通じる言葉や、独特なやり取りが生まれました。

ネット上で生み出された言葉は、ネットミーム（インターネット上で模倣され伝播していくなかで改変されていくコンテンツやその要素）となり、現在でも変化を続けていたりします。

これも、くだらない遊びの1つと思われますが誰もが文化を生み出せて他者と面白さを共有し、他者と結びつきを意識できる要素であると考えられます。

ネットミームとは？

インターネット上で言葉や画像、動画などが大喜利のようにおもしろおかしく模倣され拡散されていくこと。これを利用し、企業ではマーケティングにも活用されている。

日本で有名になったネットミーム

- POPCAT
- 宇宙猫
- 5000兆円欲しい
- 君のような勘のいいガキは嫌いだよ
- だが断る
- お前がそう思うんならそうなんだろう お前ん中ではな
- 検索してはいけない言葉
- 鮫島事件
- 千円札でタバコ一個・・・妙だな

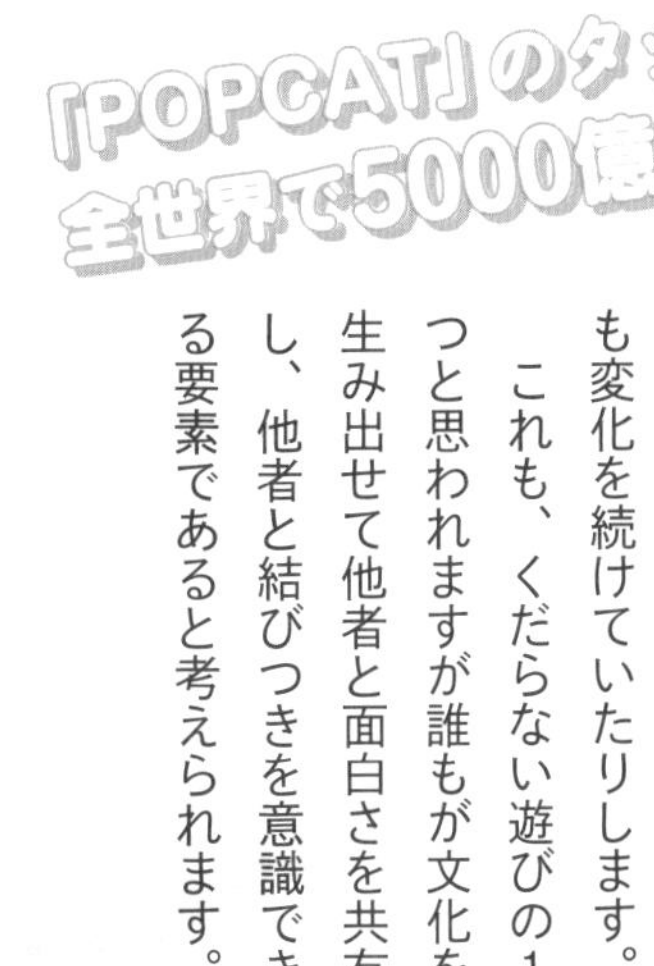

人間誰しもが「オタク」ってことですか？

夢中になれれば誰もが「オタク」！

野村総合研究所は、オタク的な心理として「収集」、「共感」、「自律」、「帰属」、「顕示」、「創作」という6つのオタクの行動に影響を与える心理的因子（オタク因子）を明らかにしました。これらの心理が複雑に絡み合いオタクの消費につながっています。これを見ると、私はオタクではないかもしれないと思う人もいるかもしれません。しかし、見方を変えればこれらの心理の中で思い当たる消費行動があれば、オタクといえるかもしれないのです。

さらに、ライトなオタクの存在もこれからの未来において重要な存在となります。6つのオタク因子が他者と比較して突出している場合はオタク、突出していないが比較的高い因子がある場合はライトオタクと区別することもできるでしょう。自分の好きなものを他者に共感してもらいたいと考えることは自然なことですし、他者と自分とを区別するためにサブカルチャーやオタク文化に傾倒しているケースもあるでしょう。これらの心理的因子は、誰しもが持ち合わせています。そこに、「夢中になる対象」に出会えているかどうかが、オタクへの道を進むかどうかの分水嶺となるのです。つまり、私たちの誰しもがオタクになる要素を持ち合わせていると考えるべきなのです。

社会の寛容さが「オタク」を増やす！

オタクの定義も時代とともに変わってきています。今では、生活の中で集中的に時間も金額も消費している人たちをオタクと捉えるケースもあります。そして、かつてと比べてオタクと自認することをさほど気にしなくてもよい社会の雰囲気になっています。オタクに寛容な社会になればなるほど、オタクの人口も増加していくことになります。加えて、「夢中になる対象」がサブカルチャーやオタク市場に登場し、オタクたちを魅了し続けることもオタクとして生きていくために大切なことです。

行動の源となる「オタク因子」

収集　共感

自律　帰属

顕示　創作

参考：野村総合研究所オタク市場予測チーム（2005）『オタク市場の研究』東洋経済新報社

これら６つの心理が複雑に絡み合いオタク的な消費行動につながっている。少しでも思い当たるものがあれば、あなたはオタクかも？

コラム

私の一推し

牧和生の推し活ライフ

みなさんには、「人生」を変えた1曲はありますか？私にとって人生を変えてくれた曲は水樹奈々の「New Sensation」（2003年4月23日発売）です。水樹奈々の7枚目のシングル曲で、菅公学生服株式会社（当時は尾崎商事株式会社）のCFソングでした。この曲が発売された当時私は高校3年生で、翌年に大学受験を控えていたものの勉強に身が入らず成績も上がりませんでした。そのようなタイミングで、この曲がリリースされたのです。プロデュースは、奥井雅美のプロデューサーだった矢吹俊郎です。

曲の内容は、「人生は悩むこともたくさんあるが、心許せる人たちと共に一歩を踏み出して楽しんでいくべきだ」という応援ソングです。もともと私は、矢吹俊郎がプロデュースしていた奥井雅美の楽曲が好きで、その繋がりで水樹奈々を追いかけるようになりました。ところが、この曲は私にとって妄想を膨らませるには十分でした。タイアップ先が岡山県に本社を置く企業で、しかも私の高校の制服もまた尾崎商事製だったのです。そして、私は岡山県出身という奇跡は、これは矢吹俊郎が私にくれたプレゼントだと勝手に想像したのです。そして、当時23歳だった水樹奈々が17歳の私に人生について歌で問いかけるわけです。この曲がリリースされてしばらくして、一心不乱に勉強する私の姿がありました。そしてこの曲のおかげで、今の私がいます。数ある水樹奈々の曲の中でも、「New Sensation」はずっと私の一推しです。

3章 推し活・サブカルチャー市場の未来

「オタク＝ネガティブ」の時代が変わり始めたのっていつ頃？

「暗く気持ち悪い」から「コミカルで前向き」へ

過去にはマスコミによるバッシングも！

1980年代に起きた事件のあと、おたくに対する世間の風当たりは一層強くなった。しかしこの時代から、おたくたちのアイデンティティが確立したとみるむきもある。

28ページで、オタク（当時はおたく）に対する社会の目が厳しくなった原因について説明をしました。悲惨な事件が起きた後、マスコミによるおたくバッシングがあり「おたくは悪い存在」「暗く気持ち悪い」というイメージが拡がっていきました。しかし、このような社会か

岡田斗司夫氏の「オタクは進化した視覚を持っている」という主張はオタクにとって大きな転機となる。

らの厳しい風当たりの中で、健全に趣味を極めていこうとする、おたくたちのおたくとしてのアイデンティティが確立したという主張もあります。

そして、おたくのダークなイメージを変えようとした1人が岡田斗司夫です。岡田はオタクには「進化した視覚」が備わっているといい、さらに高いリファレンス能力と、飽くなき探求心を持った存在だと主張したのです。この時期から、おたくを片仮名で「オタク」と表記するようになります。

そして、1995年10月から放

エヴァンゲリオンがオタクのイメージ大刷新

「新世紀エヴァンゲリオン」の深みのあるストーリーは、アニメオタクだけでなく多くの人を巻き込み一大ブームとなった。

送開始され、社会現象になった「新世紀エヴァンゲリオン」によって、オタクのイメージが改善されていくことになります。さまざまな解釈ができうる謎がちりばめられた作品は、オタクのみならずアニメに興味のない人たちも巻き込み一大ブームとなったのです。

変わりゆく聖地・秋葉原
ライト層が訪れる街に変貌

そしてもう1つ、オタクのイメージ改善に貢献した作品として、2005年7月に放送が開始されたドラマ「電車男」が挙

オタク青年と美人 OL の純愛を描いた「電車男」。ドラマの中では「キタ――！」などのオタク独特の言葉も登場し、オタクとそうでない人との距離を一気に縮めた。

げられます。オタクの主人公によるインターネットの匿名掲示板でのコミカルなやり取りは、サブカルチャーやオタク文化の核となる部分を扱いつつも、これまでのダークなイメージのオタク像とは異なる前向きなオタクの姿を描きました。また、ドラマの放送と重なるようにオタクの聖地・秋葉原駅周辺の再開発も進み、オタクが集まるマニアックな街から、ライトなオタクやこれからオタクになるかもしれない人たちも気軽に訪れることができる街へと変わっていったのです。

オタクについてはどのような研究がされているの？

調査分野も多様化が進むオタク市場の研究

オタクについては、文学、哲学、社会学、心理学、経営学、哲学、歴史学などのさまざまな分野で研究が行われてきました。代表的なものでは、すでに本書でも紹介した岡田斗司夫の「進化した視覚論」、２０００年代のアニメ作品を批判的に検討した東浩紀の「データベース消

オタク市場の研究に関するおもなテーマ

テーマ	名前
進化した視覚論	岡田斗司夫
データベース進化論	東浩紀
萌えと経済学に関する研究	森永卓郎
精神分析からみたオタク的行動	齋藤環

最近ではこのほかにも、オタクの「消費」や「行動」などについてもさまざまな研究がされています。

近年の新たな研究分野

費論」、森永卓郎のコンテンツ市場の付加価値に注目した「萌えと経済学に関する研究」、斎藤環の「オタクの精神分析を通じて、オタク的な行動の特徴を明らかにした研究」などがあります。また、独自のアンケート調査によってオタク市場の規模や消費金額を推定する研究も行われています。

　近年では、観光学をベースにしたアニメなどの聖地に関するコンテンツツーリズム研究や、オタクの中でもボーイズラブに傾倒する腐女子に関する研究も多く行われており、新しい知見

オタクとファンの定義も変化している

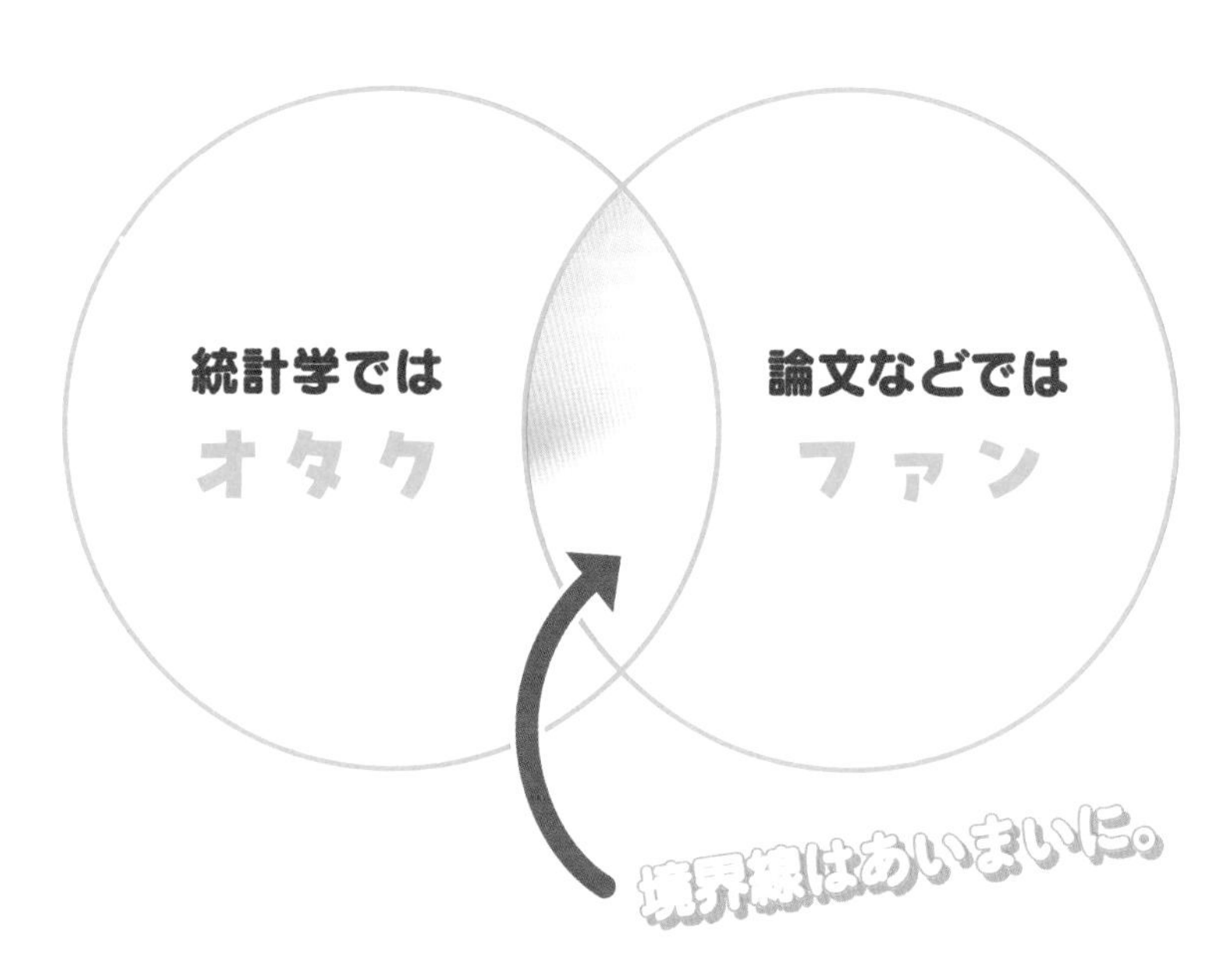

オタクとファンの線引きはますますあいまいに。ライトオタクはファンに入れるのか、それともオタクに分類するのかなど、今後も境界は変化していきそうだ。

を次々に世に問うています。

また、アイドルオタクの消費と心理に関する研究も主たる研究テーマとなっています。最近のオタク研究では、統計的な数字を示す際は「オタク」と表記する例が多い一方で、論文などでは「ファン」と表記されるケースも見られます。それは、オタクの定義が時代とともに変化しておりファンとオタクの境界線もあいまいになったからだと考えられます。

経済学の常識では オタク文化は説明できない

好きなものの共有&共感

　さて、ここで私の専門であるオタク文化と経済学について少し紹介します。すでに1章にて、経済学の基本的な考え方を示しました。経済学が想定する合理的経済人と、現実の私たちとは多くの違いがあることに気がついたと思います。従来の経済学の理論では説明できないことが、オタク文化やサブカルチャーにはたくさんあります。

　例えば、オタクは好きなものを他者と共有して共感したいという心理が強いことが分かっています。自分の知識を他者に披露すること、いわゆる〝マウントを取ること〟で満足感（効用）を得ていると考えれば、この行動は経済学的に合理的といえます。

　しかし、多くの場合は他者と価値観を共有し、そこに共感が生まれて満足感である効用を得ていると考える方が自然です。このような関係性は、経済学の枠組みである合理・不合理では十分に説明しきれないのです。ここに経済学が見落としてきた重要な問題の1つである、お金のやり取りで結びつくのではない相互関係のもとで紡がれる経済の姿があるのです。

「萌え」ってなんのこと？

言葉にできない、心の動きを表す時に「萌え」を使うのです！

オタクは実は「萌え」とは言わない!?

ネットで流行する用語も日々変わっていきます。みなさんは、「萌え」という言葉を聞いたことがあるでしょうか。最近では「尊い」などの方をよく見かけますが、かつてはオタクと萌えはセットで語られることが多かったのです。

萌えは、言葉にはできないよ

「萌え」はもともとはネットスラング？

オタクにとって「萌え」はあくまでもネット上のみの言葉だという主張も。口に出して言っているというのは思い込みなのかもしれません。

うな心の動きを表すネットスラングの1つです。キャラクターに対する特別な感情や、恋愛感情を総称して「萌え」の2文字で感情を表します。そこから、キャラクターやアイドルなどに対して「かわいい」と同義で使用される言葉となりました。

この萌えについてもいろいろな見方が存在します。例えば、オタクは必ずしも萌えという言葉を現実では発していないという主張もあります。アニメやマンガなどでは登場人物が「萌え〜」とつい口に出してしまうシーンを思い浮かべたりもします

「萌え」の起源 説その1

土萠ほたる	アニメ 「美少女戦士セーラームーンS」 の登場キャラクター	病弱で献身的な性格と、名前の中に「萌」が入っているということで有力な説の一つとなっている。

が、現実のオタクたちは萌えをあくまで「ネット上のみの言葉」として使っているというのです。この主張は、オタクの先入観を見直すきっかけになります。

また萌えを学術的に考えてみると、他のキャラクターなどと比較して差を生み出す付加価値であるという見方もできます。性格、服装、口調、顔などの造詣などがそれに当たります。東浩紀のデータベース消費から考えると、萌えもキャラクターを構成する要素の1つであると捉えることができます。

萌えの起源を巡ってはいくつ

「萌え」の起源 説その2

HMX-12 「マルチ」	アニメ 「To Heart」 の登場キャラクター	メイドロボとして登場。 決して優秀ではないもの の健気に仕事に励む姿が オタクの心をうった。

かの説があります。まずは、アニメ「美少女戦士セーラームーンS」に登場するキャラクターである「土萠（ともえ）ほたる」が最初だとするものです。名前の中に「もえ」が含まれており、萌えの起源としてはなかなか説得力のある説です。キャラクター自体も病弱でありつつも献身的な性格であったため、今なお根強い人気を誇ります。

次はPC版ゲームからスタートしコンシューマー版にも移植され、1999年にアニメ第1期が放送された「To Heart」に登場するキャラクター、HM

X－12「マルチ」だという説です。作中ではこのマルチはメイドロボとして決して優秀ではないものの、健気に仕事に励む姿は多くのオタクの心を動かしたはずです。萌えの起源はロボットであったという斬新な説です。

「萌え」を生み出した「カードキャプターさくら」

最後は、「カードキャプターさくら」が萌えの始まりという説です。この作品を知っている人にとっては最も共感できる説ではないでしょうか。カードキャプターさくらは、1998年から第1期が放送開始され、主人公の「木之本桜」の仕草や毎話変わるファッション、口調などさまざまな萌えポイントがあり、「カードキャプターさくら」は今でも萌えアニメの代表作であると評価する声も多いです。

一方で、「カードキャプターさくら」は確かに萌えを開花させた作品なのですが、萌えの起源はそれより前に放送されていた「あずきちゃん」であるという説もあります。「あずきちゃん」は1995年に放送開始され、決して萌えを前面に出した作品ではありません。むしろ、かわいいに通ずる萌えを極力排除した作品ともいえるのですが、思春期の小学生たちの心理描写も高く評価されました。

つまり「あずきちゃん」でまかれた萌えの種が、「カードキャプターさくら」で芽吹いたというわけです。これも説得力のある説ではないでしょうか。なお、紹介した以外にも萌えに関する説はたくさんあります。みなさんにとって萌えや尊い存在との出会いを思い出してみると、どうしてその対象に対して心動いたのか自分を深く知るきっかけになるかもしれません。

「萌え」の起源 説その3

木之本桜

アニメ
「カードキャプターさくら」
の登場キャラクター

仕草やファッション、口調など、さまざまな萌えポイントが。「カードキャプターさくら」が萌えアニメの代表という声は根強い。

ほかにはこんな説も！

あずきちゃん

アニメ「あずきちゃん」の主人公

かわいいを極力排除したような作品ではあるが、思春期の心理描写が秀逸だった。

オタクになることと個人主義的な価値観との関係とは？

多数派の価値観がヒット作を生み出していた

近年、多くの人の心に響くようなコンテンツが少なくなったといわれます。これは、コンテンツの性格が変化してきたことが関係しています。かつて、今よりも趣味もテレビ番組の数などのエンターテインメントが少なかった時代では、特定の番組などが人気を博すという現象が

テレビ全盛期

テレビの人気コンテンツは常に話題の中心だった。

時代の変化とともに価値観も変化

個人主義の時代、メガヒットは減少傾向に。

固定的な価値観に支えられたメジャーなコンテンツは減少し、少数派の価値観に寄り添うマイナーなコンテンツが意味を持ち始めた。

見られました。人気の番組を見逃すと翌日の会話に入れないという経験をした人もいるのではないでしょうか。今でも、多くの人を惹きつけるコンテンツは存在しているのですが、過去と比較してメガヒットとなる作品が少ないと言われています。その理由の1つとして、「個人主義」の普及が挙げられます。

かつては、多くの人たちが共通の価値観のもとで結びつけられていたといわれます。いわゆる固定的な価値観がメジャーであり、マイナーな価値観が受け入れられにくいという時代です。このような社会では、不特定多数の人がよいと考える価値観が存在しています。これをコンテンツ消費論では、「大きな物語」と呼んでいます。大きな物語が含まれているコンテンツは、それらを消費する人たちの価値観や人生観に強く訴えかけ、ヒット作への道を歩んでいくことになります。重要であるのは、多数派が認める価値観などに、大きな物語が作用するという事です。

多数派の価値観を凌ぐ「小さな物語」のパワー

　しかし、平成時代以降は個々のプライベートが重視され、テレビ番組をはじめコンテンツの数も増えていきます。そこでは、多数派の価値観が希薄となり少数派の価値観も意味を持ち始めます。個人主義的な価値観が社会に普及していき、大きな物語として作品にメッセージを込めても一部の人にしか満足を与えられなくなり、大きな物語が機能しにくくなります。

　そこで生まれてくるのが「小さな物語」です。

　小さな物語は、多数派の価値観ではなく少数派の価値観や、個人の価値観をもとに紡がれていく物語です。

　オタクがメジャーな文化から少し外れたサブカルチャーや、強いこだわりが認められるオタク文化の世界に入っていくという意思決定をした背景には、他人とは違うこだわりや多数派の価値観では納得できないという心理があります。

　つまり、オタクたちにはそれぞれの「小さな物語」があり、それがオタクとしての活動の源泉になっているとも考えられるのです。

大きな物語と小さな物語

大きな物語

不特定多数の人に支持される価値観

小さな物語

オタク文化の世界

1人ひとりに物語が存在する

オタクの教養 26

アニメやマンガの登場人物やアイドルのメンバー数が多いのはどうして？

価値観の多様性に合わせた登場人物やメンバーの多さ

アニメやマンガなどのコンテンツで登場人物が多数で、名前が覚えられないという経験はありませんか。実在するアイドルも非実在のアイドルも、かつてよりもメンバー数が増加しています。データ解析の分野で知られるユーザーローカルによると、2022年の11月末時点でVTuberの数が2万人を突破、2021年10月の調査時より、4000人増加したとしています。人気のある市場は活気づいて、日々新しいコンテンツが提供されていくことが経済の原則ですが、これを市場のトレンドという解釈で十分説明しきれるのでしょうか。

アニメ制作やアイドルの活動の多くが、限られた予算の中で行われます。アニメであればス

VTuberの人数の推移

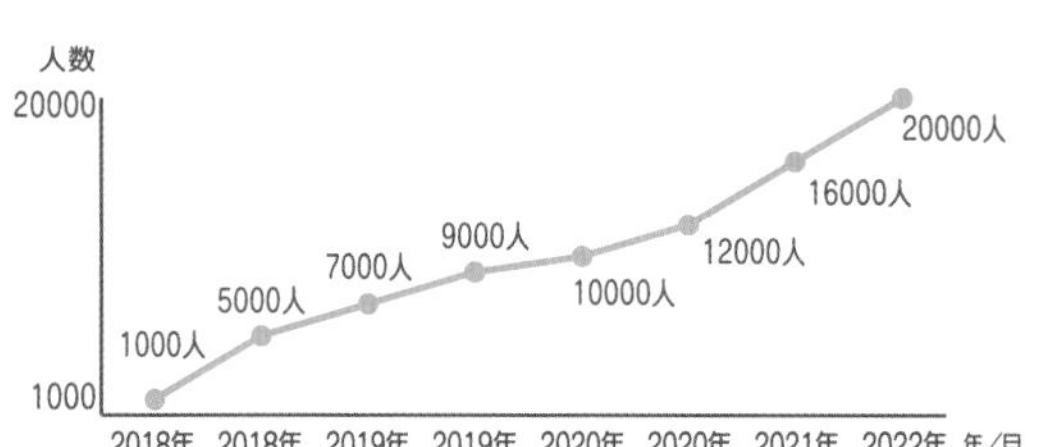

VTuberとはYouTube上でCGキャラクターが配信するもの。人気のあるVTuberには400万人以上のファンがつくものもある。

出典：ユーザーローカル プレスリリースより（2022年11月29日）

価値観が多様化する現代では、登場人物やメンバーを増やすことが共感を得る可能性を高めるための有効な手段になる。

ポンサーや製作委員会などによって製作費が出資され、その予算をもとに制作するため投資の要素が強く、市場で受け入れられるか分からない不確実性が伴います。制作やプロデュースにたくさん予算を割いて情熱を注いだとしても、ヒットしなかったという例は多数です。そのため、いかにヒットする可能性が高くなる要素を盛り込めるかが重要になるのです。

しかし、現在私たちが重視するのは小さな物語であり、大きな物語として不特定多数の人たちが重視する価値観は機能しにくくなっています。そこで、ターゲットとなる消費者にいかに「共感」してもらえるかという事が重要視されるわけです。

心を動かす共感の仕掛けはさまざまですが、登場人物やメンバーを増やすことも有効です。これは登場人物などが多数の場合に、オタクやファンたちがそのうちのどれかに共感してくれる可能性があるからです。また、キャラクターの細かい設定やアイドルの詳細なプロフィールも、消費者であるオタクたちが共感しやすくなる仕掛けといえるのです。

オタクの教養

人気のコンテンツが異業種とコラボするのはどうして？

限定パッケージも豊富

緑茶やコーヒーなどは人気コンテンツとのコラボ商品も多い。なかにはオマケの限定グッズがついているものもあり、オタクの収集欲求を刺激する。

異業種とのコラボで新たなファンを獲得

現在、コンテンツ作品が企業の枠を超えて積極的にコラボをしています。人気のキャラクターと製菓会社や飲料水メーカーとの限定パッケージの発売、スマホアプリでの期間限定のコラボイベント、パチンコやスロットの遊技台など挙げればきりがありません。

コンビニでは多くのコラボ商品を展開している。キャラに制服を着せたグッズを出すなど話題性も十分に期待できる。

このようなコラボの中でも、コラボパッケージや期間限定イベントはオタク的消費の収集欲求を刺激します。さらに、そのコンテンツを知らない消費者にもアピールすることができコンテンツを認知してもらうことで、ファンを増やしていくマーケティング戦略であると考えられます。

一方で、パチンコやスロットなどのコラボは少し違った見方ができます。パチンコ・スロット業界への就職に強いゲーミング&エンタテインメントビジネススクールによると、2019

パチンコ・パチスロの市場規模は20.7兆円！

アニメの名シーンや主題歌を演出として登場させることで、ファンの裾野を広げることもできる。

年の余暇市場の規模の71・9兆円のうち、パチンコ・スロット市場は20・7兆円を占めるとしています。新台の導入に関する市場規模は、約６７２４億円で遊技人口を９５０万人とまとめています。さらに、ゲーミング&エンタテインメントビジネススクールはパチンコ・スロットを「新たなコンテンツの創造および発展に寄与する」としています。

　アニメやマンガなどは放送中や連載中は人気があったとしても、放送終了後になると次のアニメが放送開始になり、マンガも連載開始と連載終了が頻繁に生じます。そのため、アニメやマンガなどのコンテンツの一般的な消費者は、次々と消費の対象が代替し、別のコンテンツなどに消費を切り替えていくわけです。オタクであれば1つのコンテンツに熱中し、可能な限り長期的に消費していくはずですが、オタクとまではいかない消費者は、興味のある対象も移ろいやすいのです。アニメやマンガなどが最終回を迎えて時間が経つほど、新しいグッズの発売やイベントなどもなくなりコンテンツは一部のオタク以外の記憶から消えてしまうことになります。これをネットなどではオワコン（終わってしまったコンテンツ）と呼んだりします。

パチンコやスロットがきっかけでハマるファンも

しかし、アニメやマンガなどがパチンコやスロットなどで遊技台として登場すると、その作品を知らない消費者にも作品をアピールすることができます。アニメの名シーンや主題歌なども演出として登場しますから、そこから原作やアニメやアニソンに興味や関心を持ち、ハマってしまう人もいることでしょう。このようなコンテンツの活用法は、パチンコやスロット市場に留まりません。飲食業界やアミューズメント施設などでもコンテンツのコラボ企画が多数行われています。ファンの裾野を広げること、これが人気コンテンツが異業種とコラボするメリットの1つです。

さまざまなところにアニメやマンガなどが活用され、新しい広がりを見せています。少しアンテナを張ってみると、「こんなところにもコラボが！」と気づきがあるかもしれません。

コンテンツがヒットする要素

キャラが魅力的

作品性の高さ

28

ヒットするアニメに共通することって何？

「小さな物語」の台頭により、作品の世界観やストーリーといった「大きな物語」が希薄化していった。

物語が多くの人を魅了「鬼滅の刃」の希少性

116ページでは、アニメなどは不確実性が高い性質があることを説明しました。市場に供給してみて初めて、視聴者である消費者の反応が分かるからです。そのため、制作者側はなるべくヒットするような要素をコンテンツに込めるはずです。しかし、東浩紀がデータベース消費で指摘した〝コンテンツの作品性が希薄であってもキャラクターが魅力的であればオタクは盲目的に消費する〟というのは、現在でも当てはまる部分があります。これは、アニメなど特有の世界観やストーリーである壮大な物語（大きな物語）が希薄化し、小さな物語が台頭し始めたことと関連します。アニメ作品を見ても2000年代（ゼロ年代）以降はキャラクター消費

「鬼滅の刃」大ヒットの背景

1 「大きな物語」を丁寧に描いている

2 ストーリーやキャラクターの心情を考察・解釈できる

3 自分なりの解釈をSNS等で発信、共有できる

が主となり、記憶に残るストーリーの作品は少なくなっていきます。

その中で、多くの人を惹きつけ話題となる作品はいくつもあります。その特徴としては、現代では希薄となった大きな物語を丁寧に描いているケースが挙げられます。

2019年4月から放送開始され社会現象となった「鬼滅の刃」が代表的です。

さらに、ストーリーやキャラクターの心情を考察や解釈できる余地も重要です。ストーリー展開やキャラクターの心情を味わうことで自分なりの解釈が生まれます。それを誰かと共有したいと思えば、インターネット上の交流サイトやSNSで情報発信が可能です。野村総合研究所が指摘している共感、帰属、創作などの欲求によって行動が生み出されます。

このような情報発信も文化を生み出すきっかけとなります。オタクやファンたちの共感が連鎖することで、文化内にダイナミズムやムーブメントが生じるからです。

インターネットがまだあまり普及していないときは、個人で

共感の連鎖がムーブメントを生み出す

SNSや交流サイトで簡単に他者と繋がることができる現在、価値観の共有はコンテンツを盛り上げる大きな要素となっている。

開設したホームページのゲストブックなどでやり取りするしかなかったのですが、現在は様々なツールで不特定多数の人と瞬時に繋がることが可能となりました。

趣味や価値観が近しい他者と繋がりやすいのもコンテンツ文化を盛り上げる後押しとなっています。

キャラクターへの共感を生む日常が舞台の物語

また、大きな物語をコンテンツに込めていなくてもヒットする可能性があります。コンテン

ヒットするコンテンツは両方の物語を刺激

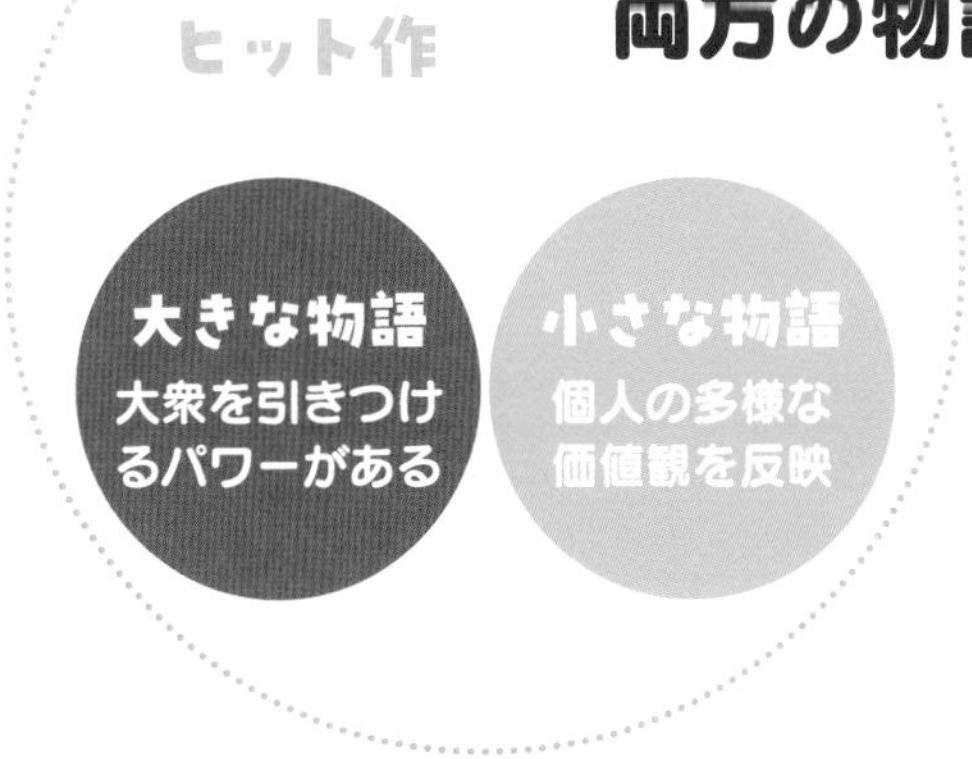

両方の物語を兼ね備えた作品は、感想などを誰かに話したいと思わせる魅力がある。

ツーリズムが行われるような、日常を舞台とした小さな物語がキーワードとなる作品です。

このようなアニメ作品のカテゴリーを日常系、空気系アニメなどと呼びます。

日常を舞台とした作品では、キャラクターの心理を追体験できるかが大きなカギとなります。つまり、キャラクターと自分自身を照らし合わせ、作品に込められた意味やキャラクターの気持ちを推測するという消費の仕方です。

このようなコンテンツ消費はキャラクターへの共感を生み出し、自己の価値観である小さな物語を見つめ直すきっかけにもなります。

ヒットするコンテンツ作品の背景には、今でも多くの人たちを惹きつけるパワーがある大きな物語と、個人ごとの多様な価値観が反映される小さな物語が刺激される仕組みがあります。話題になっているコンテンツには作品の考察や追体験の余地、感想などを誰かに語りたいと思わせる内容が多いといえるでしょう。

コンテンツツーリズムを企画するうえで注意すべきこととは？

作品の中に「未完成」の部分を

作品

消費者が入り込める余白を残して置くことも重要なポイント

余白

自己を投影することで、作品をより深く味わうことができます。

町おこしにも活用されるコンテンツツーリズム

122ページで、ヒットするコンテンツの要素の1つとしてキャラクターの心理などを追体験できることが挙げられると説明しました。コンテンツの中に自己を投影し、コンテンツを深く味わうことで作品として完成するのです。そこで重要になるのは、コンテンツ作品などに消

コンテンツツーリズム 隆盛のおもな背景

●制作現場の
制作スケジュールが
タイトなため、
現実の風景を
用いると効率的

●アニメやマンガの
コンテンツを
「町おこし」に活用したい
自治体が増加

●「聖地」となった
自治体は経済波及効果が
期待できる

費者が入り込める余地を設けておくこと。しっかりと作り込んだコンテンツ作品の中に未完成の部分をあえて作っておくのです。

コンテンツツーリズムの隆盛には、アニメの制作現場でのタイトなスケジュールも影響しています。アニメの背景などを現実の風景を用いることで効率的に制作することができるのです。アニメ制作会社は限られた予算と時間内で作品を完成させなくてはなりませんから、実在する場所をアニメに登場させるのは経済学的にも合理的な方法であったといえます。その結

やり方を間違えるとオタクの反感を買うことも

露骨なアピールやステレオタイプな仕掛けは、オタクたちに見抜かれ反発を招く結果にもなりかねません。

果、聖地が多数生み出されてくわけです。

アニメやマンガなどのコンテンツを「町おこし」に活用したいという自治体も多く、近年ではアニメなどのエンドロールに、各地のフィルムコミッションがクレジットされることも珍しくありません。フィルムコミッションは、ロケ地において取材班が活動しやすいように関係各所とのさまざまな調整を行っています。

アニメなどの舞台に選ばれることで、多くの人がその地域に経済波及効果がもたらされると考えるのではないでしょうか。コラボイベントやコラボグッズ、スタンプラリーなどを企画してオタクたちに足を運んでもらおうと期待するはずです。これはオタクの収集欲求と関連した企画で、一定の経済波及効果は期待できます。しかし、その地域でどれほどお金が消費されたかという点のみで、コンテンツツーリズムの成功と失敗を判断しては本質を見失います。

型にはめた取り組みには オタクからの反発も

２０１２年３月12日にＮＨＫの「クローズアップ現代」で聖地巡礼が取り上げられた際に、千葉県鴨川市の取り組みが紹介されました。そこでは、アニメの聖地となることで経済波及効果を期待した自治体の期待に反して、オタクたちからは厳しい反応があったというものです。オタクたちは露骨に聖地をアピールすることに違和感を覚え、反発したのです。

　また、自治体がイベントなどを検討する際に、オタクやファンが「喜びそうなこと」をステレオタイプに当てはめてしまったことも問題であったと思われます。聖地巡礼を行うオタクやファンたちは、それぞれに聖地で楽しみたいことがあります。この行動の背景を考えずに、「聖地巡礼を行うオタクやファンはみな同じ考えだろう」と型にはめてしまうと、聖地での行動の余地が無くなってしまいます。オタクやファンが聖地で思い思いの時間を過ごせることが大切なのです。

　聖地での行動をオタクやファンたちが自由に決められることも、コンテンツツーリズムを企画する上で欠かせないポイントではないでしょうか。

コンテンツツーリズムが教えてくれる大切なこと

大切な評価基準は町とオタクの持続的な交流

コンテンツツーリズムについて54ページ、126ページで紹介してきました。アニメなどの聖地となった地域ではいろいろな効果がありました。1つは分かりやすい経済波及効果です。しかし、経済波及効果のみを取り上げてコンテンツツーリズムの成功と失敗を判断してはいけません。

注目すべきなのは、コンテンツをきっかけにして聖地で地域の人たちとオタクやファンたちが出会った結果、地域に変化をもたらしたかどうかという点です。

この地域の変化とアニメなどの放送が終了した後も地域とオタクやファンたちの交流が持続しているかということも、コンテンツツーリズムを評価するう

大切なのは経済波及効果のみにあらず！

コンテンツツーリズムで重要なのは、いかに「熱」を持続させるかを考えること。そのためには地域とオタク・ファンとの交流は必須です。

えで大切な要素なのです。

もちろん、コンテンツで町おこしを企画する際はビジネスとして、オタクやファンがどのようなルートで聖地を散策し、その途中でお金を使える店舗があるかなども検討するはずです。

多くの場合、作品が放送中であるときは聖地の話題で盛り上がり、放送終了後もしばらくその熱は持続します。

しかし、多くのオタクやファンたちは次のコンテンツに消費の対象を移します。聖地となった自治体も、アニメの放送終了後は徐々に聖地としてのアピールも少なくなっていきます。このように一時的な盛り上がりはあったものの、その効果が持続しないというのもコンテンツツーリズムの難しいところです。

放送終了後も人が集まる「らき☆すた」の聖地

一方で、アニメ放送中や終了直後の盛り上がりではないもののアニメの放送終了後も聖地としてオタクやファンを歓迎し続けている地域もあります。

例えば、埼玉県久喜市周辺が舞台となったアニメ「らき☆すた」は、2007年4月に放送されて以来現在に至るまで、地域とオタクたちとの交流が続いています。地域の伝統である祭りの神輿に、「らき☆すた」のキャラクターが描かれた「萌えみこし」を制作するなど、コンテンツツーリズムの成功例としてよく取り上げられます。もちろん、聖地となった地域には多くのオタクやファンが訪れ、経済波及効果が生み出されたことは言うまでもありません。しかし、コンテンツツーリズムの本質は、コンテンツをきっかけとして出会うことのなかった人たちが出会い、その結果として社会や地域が良い方向へと変化するところにあります。これは、聖地で出会ったオタクやファン同士の交流だけではなく、地域の人たちとオタクやファンたちが交流することで、新しい価値観と地域固有の価値観の双方に触れることができるという効果によるものです。

聖地巡礼を行うオタクやファンたちはさまざまな価値観を持っています。コンテンツツーリズムでは、オタクたちがさまざまな思いを胸に旅行を楽しんでいることを教えてくれます。オタクたちと聖地となった地域の

成功のポイントは価値観の共有

アニメ「らき☆すた」の舞台となった埼玉県久喜市周辺は2007年の放送以来、現在に至るまで「聖地」として人気を誇っている。地元の祭りに「らき☆すた」のキャラが描かれた「萌えみこし」が登場するなど、地域とオタクの関係は良好だ。

人たちが、お互いの価値観を理解し寛容に受け入れることができるかどうかがポイントです。オタクやファンたちが、多数ある聖地の中で「無くてはならない大切な場所」と思えるかどうかが、コンテンツツーリズム成功のカギなのです。

31

オタクを理解するうえで私たちに必要なスキルとは？

まだまだ根強い負のイメージ

寛容になってきたとはいえ、まだまだネガティブなイメージはつきまとう。

“負”のイメージをどう払拭していくか

さまざまなこだわりを持ち、オタク文化やサブカルチャーというメジャーな文化から少し外れた価値観などに魅了されるオタクたちに出会ったとき、みなさんはどのような態度を取るでしょうか。こだわりや深い知識について興味深く話を聞くことができるという人もいるでしょうし、無意識的に避けてしまうという人や興味が無くスルーしてしまう人もいるでしょう。オタクに対して社会が寛容になっているといっても、オタクに対する負のイメージが完全に払拭されているわけでもありません。

オタクたちを理解するために、私たちはどのような態度で接すれば、お互いに良好な関係を保てるのでしょうか。そのヒントとなるのが、「ホスピタリ

オタクを理解するためのヒントは「ホスピタリティ」の意識

そもそも
ホスピタリティって？

敵ではない他者を歓迎する、という意味

注意したいのは「敵ではない」という点。誰にでもいい顔をすればいいということではないのです。

おもてなし、
厚遇という
意味ではない

多文化共生に不可決な意識

ティ」です。

　ホスピタリティはよく「厚遇」や「おもてなし」と解釈され、サービスを超える付加価値として採用している企業も少なくありません。サービスの質を高めていくことでは企業の成長に限界があるので、そこにホスピタリティを実行することで同業他社に差をつけようとするのです。

　しかし、ホスピタリティは決して厚遇やおもてなしを意味する概念ではないのです。

　もともとホスピタリティは、「敵ではない他者を歓迎する」という意味が含まれる概念で、多文化共生に無くてはならない重要な要素です。

ここで、大切なのは「敵ではない」という部分です。あなたを傷つけるような思想や行動をとる人には、ホスピタリティは成立しません。そこを見落としてしまうと、心を疲弊させてしまう毒薬へと変わってしまいます。

他者を受け入れる「ホスピタリティ」がカギ

ホスピタリティにはホスト（もてなす側）とゲスト（もてなされる側）という関係性があるのですが、このもてなすということを厚遇と解釈してしまうのも無理はありません。

ホスピタリティには、自己を傷つけない他者を歓迎し同じ視点で物事を見るという役目があります。同じ視点で物事を見て価値観を共有することで、ホストとゲストという関係性が崩れて真の関係性が構築されるのです。

他者と自分は価値観が違うのは当然であるということに気付き、目の前の他者と同じ視点に立とうとすることができるかが、オタクを理解するためだけではなく、多様な価値観と共存・共栄するために必要なスキルです。

このホスピタリティの考え方は個人の効用（満足度）を最大にすることと、企業の利潤（利益）を最大にすることを目標として意思決定をする合理的経済人の行動原理とは異なります。これが、経済学においてホスピタリティが重要となる理由の1つです。

近い将来、人工知能（AI）に多くの仕事が置き換えられてしまうといわれています。AIに取って代わられない仕事として、人間をマネジメントする仕

共存・共栄に必要な「ホスピタリティ」のスキルとは

自分と違う価値観を受けとめられるか

目の前の他者と同じ視点に立てるか

オタクのみならず他者の理解につとめる

このスキルは個人の満足度こそが重要とする「合理的経済人」とは異なりますが、経済学においてもとても大切な考え方なのです。

事、創造性が重視される仕事、そしてホスピタリティが求められる仕事が挙げられます。

ホスピタリティが示す敵ではない他者を歓迎し、自分と異なる価値観を受け止められるかというスキルは、オタクを理解するために必要なだけではありません。

心豊かに経済活動や社会生活を営むために、これからますます求められる重要な能力といえるでしょう。

オタクの教養

AI時代、サブカルチャーはどう変わる?

「くだらない」が起点のサブカルはAIと親和する

ここで、少し大胆な予想をしましょう。経済学者の予想は外れることも多いですから、このような見方もあるのかという感じで読んでください。

AI(人工知能)の時代が到来し、目覚ましい速さでAIが進化していっていることはみなさんもご存知だと思います。SNSではAIにお題を提示して生成された画像をアップして盛り上がるなどということも見られ、私たちは日常的にAIを意識して生活しなくてはならなくなりました。

134ページでAIに置き換えられない仕事の1つとして、創造性が求められる仕事を挙げました。2018年にアメリカのオークション大手のクリスティーズで、AIが描いた肖像画が出品され43万2500ドル(当時のレートで約4800万円)という高値で落札されました。AIが描いた作品にこのような高値が付いたことは、大きな話題となりました。

この高値の背景には、AIが描いた作品が世界で初めてオークションに出品されたというプレミアによるご祝儀価格であったともいえます。

ただし、AIが描いた肖像画

AIが描いた肖像画が約4800万円で落札

「エドモンド・ベラミーの肖像」と題された作品が43万2500ドル（2018年10月当時のレートで約4800万円）で落札、世界に驚きを与えた。

に、創造性が含まれていてアートといえるかどうかなどの議論の余地がありそうです。

AIの進歩は、サブカルチャーやオタク文化においても大きな変化に結び付きそうですが、実は今とあまり変わらないのではないかと思っています。

それはAIが導く「予想できない結果」が、「くだらない」を起点とするサブカルチャーやオタク文化との親和性が高いためです。

例えば音声合成ソフトの初音ミクの登場により、動画投稿サイトでは次々に新しいコンテン

「くだらない」を起点とするサブカルチャー・オタク文化

AIの導く予想できない結果

親和性が高い

ツが供給され人気コンテンツになりました。今では広く一般にもボーカロイド楽曲は認知されていますが、初音ミクの登場直後は新しい技術をいかにしてオリジナルコンテンツに結び付けるかという動画投稿者たちの試行錯誤がありました。この試行錯誤にAIの未来があるのだと思います。

AIをパートナーにして こだわりの実現も可能に

AIもこの先、いろいろな学習を通じて精度の高い成果物を生み出すことができるようになるでしょう。その成果物に対す

2007年の初音ミクの登場以降、動画投稿サイトでは次々に新しいコンテンツが供給され、「初音ミク現象」として大きなムーブメントを起こした。

オタク文化においてAIは欠かせないパートナーに

- AIによって自分のこだわりを表現しやすくなる
- それが別のオタクたちから共感を得る
- AIのサポートによってさらに新たな文化が誕生

る著作権などの問題も検討しなくてはなりません。

　しかし、ＡＩが私たちの思いつかなかったアイディアに気付かせてくれる可能性も否定できません。

　ＡＩが私たちの仕事や生活を脅かすことを悲観的に捉えるのではなくて、ＡＩと人間が共進化していく道を考えていく必要があります。

　数年後にＡＩは、オタク文化やサブカルチャーにおいて欠かせないパートナーとしての役割を担っていると、私は予想します。ＡＩの力を借りて、自分のこだわりを実現しやすくなるからです。それが別のオタクに共感されて、さらにＡＩのサポートによって新しい文化の種となっていくのではないでしょうか。それでいて、オタク文化やサブカルチャーの基本的な部分は変わらずに、ＡＩによって誰もが今よりも気軽に文化を発信していけるようになっていると思います。

　この予想の答え合わせは、数年後のオタク文化やサブカルチャーを見て判断することにしましょう。

33

動画投稿サイト等で誰でもサブカルチャーを創り出せる？

誰でも気軽に発信できる

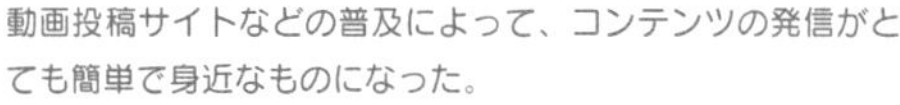
動画投稿サイトなどの普及によって、コンテンツの発信がとても簡単で身近なものになった。

▼オリジナルの動画投稿で誰でも文化の発信が可能に

かつては文化を生み出すことができる人は、クリエイティブな才能を持ったごく一部の人たちに限られていました。そこで生み出された文化に多くの人たちが価値を認め、時代を経てハイカルチャーとして認知されている文化も多数あります。しかし、現代ではインターネットや

CGM（消費者生成メディア）とは

YouTube、ニコニコ動画、口コミサイト、
解答募集サイト　など

魅力・メリット

・個人が気軽に発信できる

問題点

・内容の正確性があいまい
・使い方次第ではトラブルも

動画投稿サイトなどのメディアの発達によって誰しもがサブカルチャーやオタク文化を生み出せる時代になっています。

消費者生成メディアであるCGM（Consumer Generated Media）は、誰でも記事などを投稿できるメディアのことで、口コミサイト、解答募集サイト、YouTubeやニコニコ動画などの動画投稿サイトなどを含みます。個人が気軽に発信できるという点から、自己の主張を率直に発信できる一方で、発信や投稿した内容の正確さについての問題が指摘されています。これ

リアルタイムのコメントから新しいコンテンツも

コメントが「くだらない遊び」を生み、一緒にコンテンツを作るという一体感が多くの人を巻き込んでいる。

らのメディアは使い方次第ではトラブルにも繋がりかねないのですが、うまく使いこなせば誰でも文化を発信できるというメリットがあります。

例えば、動画サイトのニコニコ動画では、視聴中にコメントを投稿することができます。このコメントは、画面と一緒に字幕のように流れていくという特徴があり、コメント機能を活用してさまざまな遊びが生まれています。画面全体を字幕で覆う弾幕、オープニングやエンディングの歌詞を投稿したり、動画に合うイラストを創作する職人と呼ばれる人たちが加わることもあり、作品に付加価値をつけています。これらは時間が経つと消えてしまうことも多く、職人に出会えるかどうかも動画視聴の楽しみになっています。一般の視聴者も、動画内のあるタイミングで一斉に同じコメントを投稿したり、感想を入力することで不特定多数のファンたちと一緒に視聴しているという一体感も生み出されるのです。

また、コメントをヒントにコンテンツを見直すということもできるため（一方でネタバレも起きうるのですが）、より深い考察も可能になります。

型にはめた取り組みにはオタクからの反発も

また、動画投稿サイトの生配信での投げ銭（スーパーチャット）も投稿者とファンたちの強い関係性が生み出されます。投げ銭をすることで自分が応援している対象が反応してくれたり、感謝の言葉を述べてくれる可能性があるわけですが、これは投稿者とファンとの双方向のやり取りが可能という点にポイントがあります。ファンの熱量が投げ銭として可視化しやすく、相手の反応もすぐに分かるからです。誰でも自分の考えなどを発信しコミュニティを形成できるようになることで、サブカルチャーの種が蒔きやすくなっているのですが、一方では生配信や投げ銭をめぐりトラブルも発生しています。過度な独占欲や投げ銭欲しさに過激な配信を行うなどです。適切に使えば誰でも文化を発信し他者と繋がることができるツールも、使い方次第では自由を制限されてしまう可能性があることも認識しつつ、これらのメディアとうまく付き合っていきましょう。

オタク文化を存続させるために必要なこととは？

オタク文化を支えるのは“飽くなき探究心”である

自己の理想を追い求める情熱と探究心。サブカルチャーに傾倒することは“終わりなき旅”なのだ。

大切なのは探究心と情熱 他者のこだわりへも理解を

オタク文化をこの先も存続させるために、不可欠な要素がいくつかあります。

まずは、飽くなき探求心です。オタク文化やサブカルチャーに傾倒することは、いわば終わりのない旅です。自己の理想を追い求める情熱が重要です。これは、オタク文化やサブカル

コンテンツに不可欠なもの

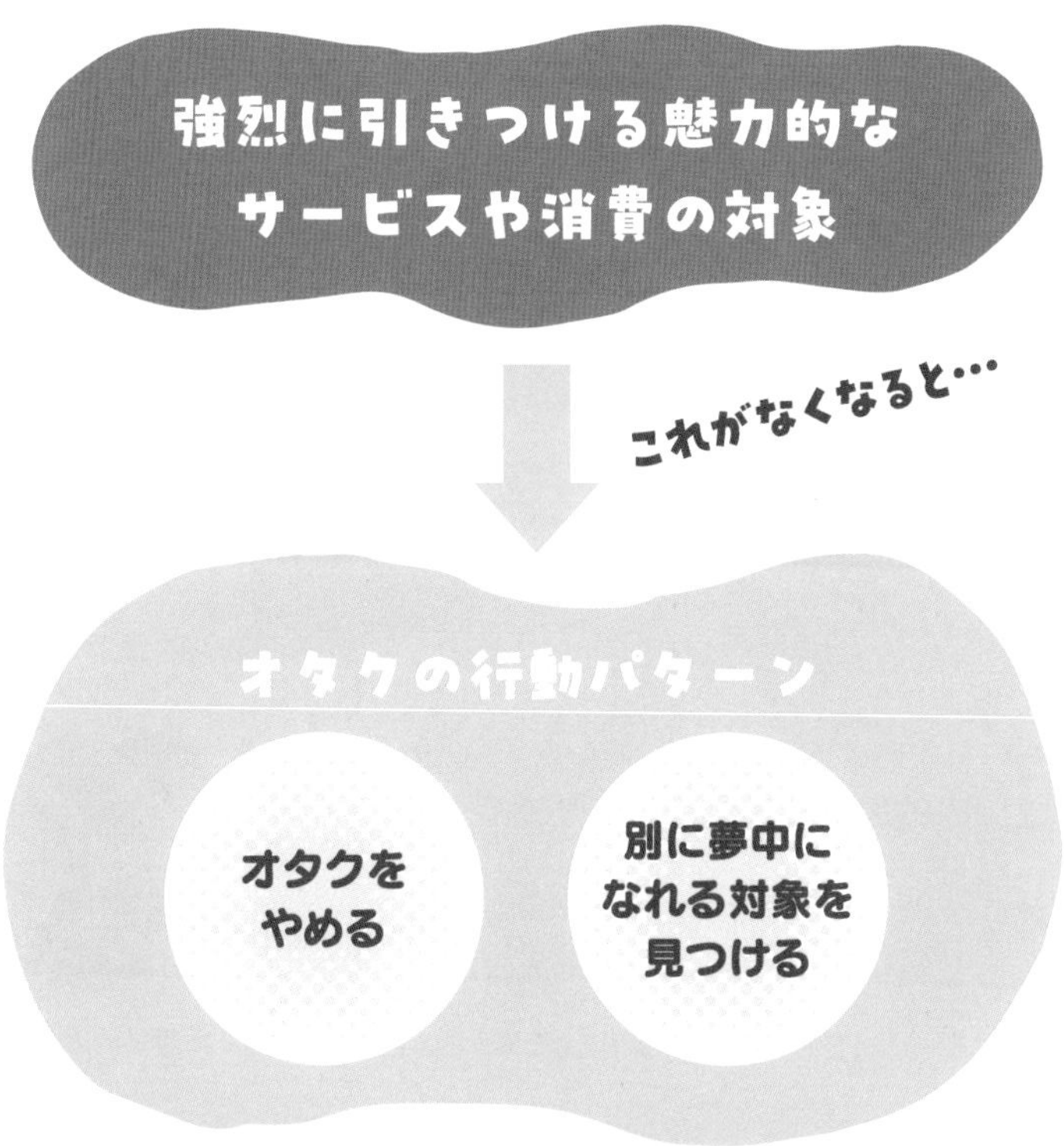

チャーを生み出す側、消費する側双方に必要です。

次に、強烈に惹きつけられる魅力的な財やサービス、あるいは消費の対象が存在することです。多くのコンテンツもアイドルも永続的には供給や活動ができません。そのため、夢中になっていた消費の対象が市場から撤退した場合は、オタクを辞めるか、あるいはまた別の夢中になる消費の対象を見つけなくてはなりません。経済学的にオタクをみれば、ある特定の財やサービスを集中的に消費し、他の財やサービスと入れ替えること

意外と忘れがちな大切なこと

ができないと考えられます。興味を持って消費できる何か新しい対象を見つけない限り、オタクとしての活動ができないのです。しかし、カテゴリーも細分化されサブカルチャーやオタク文化の市場も拡大している現在では、新しく興味を持つ対象を見つけることは容易になりました。そのため、オタク活動自体を長く続けていくことは可能なのです。

社会の安定と心のゆとり オタク活動は幸せの証

また社会が安定していて、か

つオタクの心にもゆとりがなければオタクは活動することができず、オタク文化も不活性化します。意外と忘れがちですが、オタク活動ができるという状況は恵まれているといえます。オタク活動も余暇の1つですから、自由に時間を使い楽しむということは、オタクのみならず私たちにとって生きていることを実感させてくれる貴重なものです。

オタク活動はゆとりがあってこそ。自由に時間を使い楽しむということは誰にとっても貴重なものなのです。

　さらに、オタクに対してネガティブなイメージを持ち続けないという事も大切です。オタク文化やサブカルチャー、そしてオタクと呼ばれる人の中には社会のモラルに反した行動をとるものもいます。これらがメディアに取り上げられると、オタク全体が悪いというようにイメージが形成されます。しかし、健全に趣味を極めていこうとするオタクと、他者を傷つけるオタクは区別して考えなくてはなりません。誰でもこだわりがあります。そのこだわりが一般的に理解されているか、されていないかという違いがオタク文化やサブカルチャーの決定的な違いであると思われます。

　つまり、自分を傷つけない存在であれば歓迎するというホスピタリティの精神が、オタク文化を存続するために重要になってくるのです。

オタクの教養

オタクとしての生きづらさとは？

オタクを自認する女性の約半分は「隠れオタク」

オタクを自認する10代〜50代の女性におこなったアンケートによると、約半数は周囲に自分がオタクであることを隠しているという。

出典：WEBメディア【numan】「あなたは隠れオタク？オープンオタク？」アンケート（2020年）

いまだに多い「隠れオタク」価値観の共有は可能？

みなさんは、自分自身のことをオタクとして認識していますか。もし認識しているとするなら、日常生活の中でオタクとして生きていくことに息苦しさを感じることはありませんか。

2010年10月に第1期シリーズが放送された、アニメ「俺の妹がこんなに可愛いわけがな

オタクにもさまざまなタイプがある

①我が道をいくタイプ

→オタクであることを周囲に公表している

②隠れオタク

→主に女性に多い

い」のヒロイン高坂桐乃は、見た目は派手であるものの、妹を題材としたPCゲームに夢中になり、学校ではオタクであることを隠しています。そのことを兄である高坂京介に人生相談として持ち掛け、共通の趣味を持つオタク仲間をネットで探し、オフ会（ネットで知り合ったメンバーが現実で落ち合うこと）に参加するなどして、物語が大きく動いていきます。

オタク研究では、オタクであることを周囲に隠さず我が道を進むタイプと、オタクを周囲に隠しつつオタク活動を行うタイプなど、いくつかのタイプ分けがなされています。後者を「隠れオタク」と呼び、主にこのタイプには女性が多いとされています。性別問わず生活している環境において集団への帰属意識が強い場合は、その集団がオタク的な趣味やサブカルチャーに理解がないと集団から孤立してしまいます。集団への帰属意識が強ければ強いほど、その集団からの孤立は大きな問題となります。そのため、日常生活ではオタクであることを隠し、休日などにオタクとして活動するという「隠れオタク」が生まれるのです。オタク文化やサブカルチャーについて、社会がかつてよりも寛容になったといってもオタクではない人に自分がオタクであることをカミング・アウトすることはその後の人間関係においてリスクを伴います。前述の「俺の妹がこんなに可愛いわけがない」は、学校という集団とオタクとしての自分で揺れ動く心理を描いていたといえます。

オタクやサブカルチャーは、オタクではない人からは理解されにくく、くだらないと思われることが多くあります。しかし、自分のこだわりを真剣に探究すること自体は、大学での研究と性格的に似ています(大学の教員も学問オタクといえるでしょう)。興味のある対象に対する社会の評価が、オタクとして生きることの生きづらさとして今でも少なからず残っています。

私たちが無意識的に形成してしまう偏見や判断の際にノイズとなる認知バイアスをうまく制御し、オタクの価値観に共感しようとできるかどうかがカギといえるのです。

オタクとしての生きづらさって？

自分の趣味の対象が
理解されにくい

くだらないと
思われそう

↓

オタクの生きづらさを生む

解消するには周囲の人間の意識も
変えていくことが大切

- 無意識に形成する偏見や判断
  →認知バイアスを制御
- オタクの価値観への共感
- 多様なものへの共存・共栄へ

※認知バイアスとは…先入観や思い込み、周囲の環境などにより、
無意識のうちに合理的ではない判断をしてしまう現象。

結局オタク文化やサブカルチャーってどう理解すればいいの？

価値観の多様化で「小さな物語」が乱立

ここまで、本書ではオタク文化やサブカルチャーに関連する市場やさまざまなトピックスについて解説してきました。ここでは、これからオタク文化やサブカルチャーをどのように理解すれば、オタクたちと価値観がぶつかり合わず良好な関係を構築・維持できるのか考えていきます。

本書では、原則として「オタク文化やサブカルチャー」という表記をしてきました。これらの文化は厳密な切り分けが難しく、「オタク文化＝サブカルチャー」という見方もあれば、「オタク文化≒サブカルチャー」という似ているけれど細部が異なるという見方もあるでしょう。

そこで本書ではこの2つの文化に特に区別せず、社会から理解されにくい部分がありつつ、マイナーな価値観やこだわりが強く反映される文化として議論を展開しました。つまり、文化という概念を成果物であるコンテンツ作品等に限定せず、人間の行動様式や思想に影響を与える要素としての側面が、オタク文化やサブカルチャーを研究すると見えてきます。

オタクの行動にはさまざまな欲求に基いた需要があり、これ

オタクたちとの良好な関係を築くために

オタクといってもさまざま。それぞれが皆、
自分の欲求に基づいた楽しみ方ができるのが、
オタク文化やサブカルチャーの魅力なのです。

がオタクとして活動していく源泉になります。この欲求は、オタクの心理として収集や集団そして創造の各欲求が背後にあると考えられます。そして、収集するにしても集団に属したいとしても、そこはオタクごとに行動の意図が異なるわけです。

創造も、もちろんオタクごとに異なります。2次創作や3次創作などのコンテンツに触発されて自ら創作活動を行うオタクもいるでしょうし、コンテンツを消費しSNSなどで感想等を発信することで文化を楽しんでいるオタクもいるでしょう。それぞれのオタクが自分の楽しみ方ができるのが、オタク文化やサブカルチャーの大きな魅力です。それは、自分のこだわりや探求心と向き合うことができるからに他なりません。

小さな「意味」の表出は自分と他者を区別するもの

現代の社会では、価値観が多様化し多くの人を感動させる大きな物語という心の拠り所のようなものはなかなか機能せず、その代わり一部の人たちが価値を見出す小さな物語が台頭しています。小さな物語もオタク文化やサブカルチャーを生み出す要素の1つです。メジャーな文化では満足できず、そこから少し外れたところにサブカルチャーがあります。もちろん、オタク文化もメジャーな文化とは異なるところに存在していることになります。このオタク文化やサブカルチャーには、こだわりに基いた小さな物語が乱立しています。

つまり、この小さな物語はオタクたちがオタク文化やサブカルチャー内で行動することで解釈した「意味」が現実に表出しているのです。この「意味」がオタクにとって他者と自分を区別するものでもあり、オタクとして活動する重要な要素なのです。

私たちはさまざまな意味の中で日常生活を行っています。すぐに理解できる意味もあれば、理解しにくい意味もあります。オタク文化やサブカルチャーも人々が生み出した意味の1つである理解すると、オタクを理解しやすくなるでしょう。その「意味」に触れてみると、新しい発見があるかもしれません。

それぞれの「こだわり」がオタク文化を支える

小さな物語

小さな物語

小さな物語

小さな物語

小さな物語

小さな物語

小さな物語

小さな物語

小さな物語は、オタクたちが行動する「意味」が表出したもの。自分と他者を区別するとても大切な要素です。その意味を理解することはオタクを理解することにも繋がり、オタクを自認しない人にも新たな発見があるのではないでしょうか。

メインカルチャー
（メジャーな文化）

オタクの教養

モノを売るなら「広く浅く」より「狭く深く」？

ヒット商品は市場の20%80%はオタクが動かす？

みなさんは子どもの頃に夢中になったおもちゃやゲームを、自由にお金が使えるようになった社会人になってもう一度手に入れたいと思うことはありますか。インターネットの通販サイトやフリマサイトをチェックしてみると、欲しいモノが数多くヒットします。また、現在では昭和レトロが注目されたりして、今までは価値がないと思われたモノに対してもその価値が再評価されつつあります。

さて、クリス・アンダーソンが提唱したロングテールという概念があります。ロングテールのテールは尻尾の意味です。グラフが長い尻尾のように見えるため、このようにロングテールと呼ばれます。アンダーソンは、次のような興味深い主張をします。グラフの左側はよく売れている商品のように見えるが、全体の20%しか占めていないというのです。これは私たちが日々目にするヒット商品であるといいます。売れているのであれば市場の相当を占めていると思うのですが、実はそうではないというわけです。しかし、この20%のヒットには多くの人たちが好むような財やサービスがあるため、私たちは売れ筋商

ロングテール理論とは

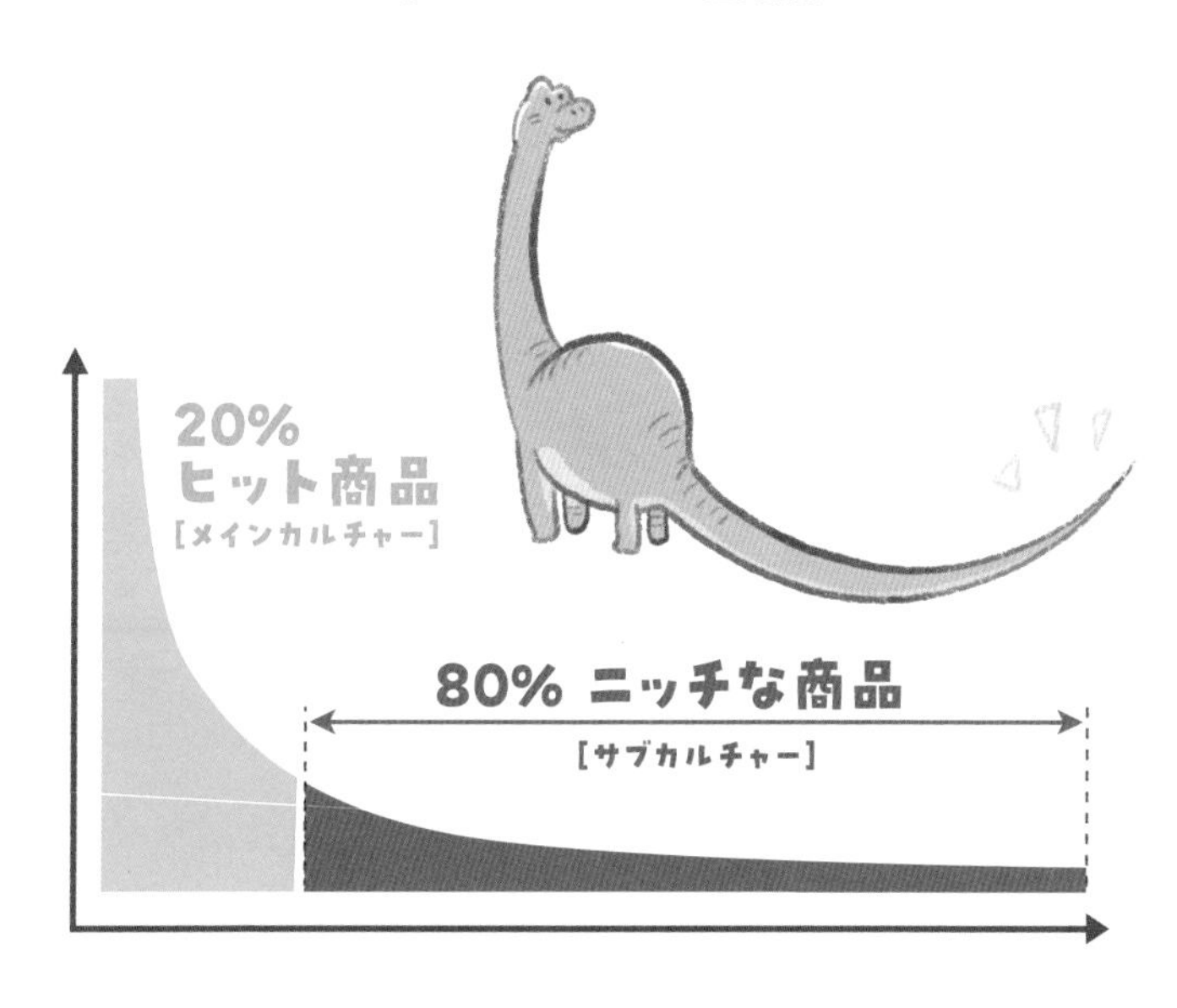

出典：ferret マーケターのよりどころ（2020年10月13日の記事より）

売れ筋の商品より、ニッチな商品群の売上合計が上回る現象。それまで「売上の８割は２割の優良顧客が生み出す」という定説とは反対の理論で、Amazon などの成功により注目された。

品を消費せざるを得ない状況になります。つまり、多数派の不満が出ない財やサービスが不足なく手に入ることが可能となるわけですが、その売れ筋商品では満足しない人たちも出てきます。

オタクたちはロングテールに夢中

そこでグラフの右側を見ると、市場の80％がいわゆるニッチ（隙間）で需要が少ない財やサービスが集合しています。このいわばガラクタというべき財やサービスは、市場のトレンドとは異なるものの需要があるといいます。つまり、多数派のヒット商品では満足しない消費者層がこの80％に含まれる財やサービスからお宝を見つけるのです。音楽市場、アニメ市場、ゲーム市場、マンガ市場など様々な市場でロングテールは存在します。オタク文化やサブカルチャーも、ロングテールの80％に夢中になっている人たちともいえそうです。

Amazonなどに展開されているニッチな商品は、売り手にとっても「売上が安定する」「コストがかからない」「不良在庫がなくなる」などのメリットが多い。

ニッチな市場の中にお宝は眠っている

現在、アマゾンやフリマサイト、オークションサイトで買い手が付くか分からないが必ず需要がありそうな多くの財が販売されています。ロングテールを活用するためには情報探索技術も必要です。たくさんのガラク

ロングテールはオタク活動と好相性！

タからお宝を見つけられないと、意味がないからです。ロングテールをうまく利用できれば、かつて人気のあったコンテンツなどが時代を経ても消費できるため、オタク活動と極めて相性が良いといえるでしょう。そうなると、オタク市場でモノを売るなら広く浅くではなく、「狭く深く」の方が望ましいでしょう。すでにカードゲームに特化したフリマアプリはあるようですが、ほかにもオタク専用のフリマサイトがあれば、「狭く深く」になって、お宝を見つけやすくなりそうです。

オタクの教養

オタクがジャンルを潰す？

行きすぎた利己心はトラブルの原因に

　インターネットでは、「オタクがそれぞれのジャンルを潰すかもしれない」ということを目にします。これはどのようなメカニズムによって起きうるか検討をしてみます。

　例えば、鉄道オタクがレアな鉄道写真を撮ろうとして駅のホームや有名な撮影スポットでトラブルになっているというニュースをよく目にします。

　このトラブルを起こすオタクは、オタク人口の中のわずかであるということは本書でも説明したと思います。行き過ぎた行動をとるオタクは、自分の欲求を満たすために周りが見えず、利己的な態度をとっていると考えられます。

　利己的というのは自分が一番でありたいという考え方で、経済学が前提とする合理的経済人の性格の1つでもあるのですが、過度な利己心は市場の競争でも社会生活でもうまくいかなくなる原因の1つです。

ルールやマナーを守るという前提と限界

　しかし、かつてはこのようなトラブルの元となる行動を注意するような古参のオタクの存在があったといわれます。これは、

ひと握りの利己的なオタクがイメージを悪くする

トラブルを起こすのはオタクの中でもごくわずか。過度な利己心は社会生活でもうまくいかなくなる原因に。

新しい世代がオタク市場に参入したことで、守らなくてはならないルールが周知されていないという問題に関連します。

トラブルが多いとさまざまな規制がなされ、息苦しくなります。これは、ルールを守れないオタクがジャンルを潰す例といえるでしょう。

もう1つは、古参のオタクが新規参入のオタクに対して「このようにしなくてはならない」と楽しみ方を強制するケースです。

ライブ中のコールやペンライトの振り方などが統一されてい

ると一体感の醸成に繋がるよい側面もあるのですが、人にはそれぞれ自由に時間を楽しむ権利があります。

楽しみ方を強制的に決められてしまうと、コンテンツツーリズムの失敗事例（126ページ）のように相手の反感を買ってしまいます。古参オタクが新規のオタクに対してあれこれ口を出し過ぎると、それが参入障壁となって居心地が悪くなり、せっかくの新しいオタクが離れていってしまいます。そうなると古参オタクしか残らず特定のジャンルでの新陳代謝がうまくいかなくなり、そのジャンルのオタク人口が減少していってしまうのです。

楽しみ方は人それぞれ マウントは絶対NG！

また、ニッセイ基礎研究所が示したオタクの排他的行動というのもジャンルを潰す要素となる可能性があります。

古参のオタクが新しいオタクに対して、知識量やそのジャンルに掛けた時間や金額でマウントを取るという態度で接してしまうと、せっかくそのジャンルに飛び込んだとしても印象が悪くなり、その後はそのジャンルを楽しめなくなるということにもなりかねません。

新規と古参それぞれのオタクが同じジャンルを好きであり続けるためには、自分が1番だという考えを抑えて、たくさんの楽しみ方があるという事を意識すればよいのです。

もちろん、社会やそのジャンルのルールを守ってという前提があることはいうまでもありません。

オタクの排他的行動

古参のオタクが新規のファンに口を出しすぎるといいことなし。居心地の悪い場所にしてしまってはファン離れが進んでしまう。

それぞれが好きであり続けるためには、自分が一番だという考えを捨て、楽しみ方はさまざまだということを意識することが重要。

オタクの教養

オタクになろう！〝大好き〟があると人生は豊かになる！

好きなものとの出会いは奇跡的な出来事！

みなさんは、自分自身をオタクと認識していますか。オタク人口の増加の背景には、「集中して時間やお金を消費するような熱中する対象がある人をオタクと定義する」というようなオタクの定義の変化も要因として挙げられます。現在では、オタクになることも、オタクとして他人から見られることもさほどネガティブな感情を抱かなくなったのでないでしょうか。

オタクとしての自覚がある人に、思い出してもらいたいことがあります。それは、「オタクになったきっかけはなんですか」ということです。好きなものに出会い、心理的にも言葉にできない感動や興奮がそこにはあったのではないでしょうか。経済学的に考えてみれば、さまざまな可能性のある選択肢の中から自分の好きなものを選ぶというのは、意思決定理論の中でも興味深い問題です。多くの情報やモノで溢れる世の中であればあるほど、たくさんの選択肢の中から、好みのものを選ぶというのは困難になるからです。

知的好奇心が偶然の出会いを生む

好きなものが見つかると、そ

オタクになったきっかけは？

感動
出会った時には興奮や感動があったはず。いつまでもその感情を忘れないでいたいものです。
興奮
ドン

の興味の対象に対して研究することで知識を得ることができます。推しの細かい情報などを収集することもその1つです。そして、研究して得られた情報が、他のコンテンツの情報と結びついたりすることもあります。例えば、アニメには子ども向けの作品もあれば大人向けの作品もあります。その違いは何によるものだろうか、制作に関わったスタッフや声優は誰であるかなど、得られる情報は多岐にわたります。調べれば調べるほど、岡田斗司夫のいう「進化した視覚」を強化していけるわけで

す。この知識の数珠つなぎは、知的好奇心を刺激するオタク活動といえます。また、リアルイベントなどでオタクやファン同士と交流したりSNSなどで交流をすることも、好きなものをきっかけに偶然の出会いが生じます。オタクとして活動することで、偶然生じる出会いの機会も増えるわけです。

同じ文化を楽しむ心が人生に彩りを添える！

好きなものがあり、それを極めていこうという姿勢は人生を豊かにする重要な要素となります。オタクとしての探求心は経済にとって新たな需要を生み出し、その需要を叶えるコンテンツやサービスが供給されることで、経済が動いていくのです。

しかし、好きなものに傾倒するあまり排他的な態度や利己的な行動をとってしまう危険性もあります。

また、供給者側がオタク向けのコンテンツや財の生産に特化したとしても、オタクの嗜好を一括りに考えてしまうと受け入れられない可能性もあります。ここに、オタク文化やサブカルチャーの市場の難しさがあるのです。オタク文化やサブカルチャーは、オタクやファン同士が支えあう文化です。誰が一番であるかという優劣を競うのではなく、自分のこだわりと相手のこだわりは異なるものだという価値観の違いを受け止めることで、自分の価値観を見直し再構築していくことが可能です。そして、互いに同じ文化を楽しむというホスピタリティの精神があれば、「オタク」として生きていくことが人生に彩りを添えてくれるに違いありません。

最後にお聞きします。あなたは「何オタク」ですか？

オタクの活動は人生に彩りを添える

オタク文化やサブカルチャーはファン同士が支え合う文化。お互いに文化を楽しむという精神があれば素晴らしいオタク人生になることでしょう。

おわりに

私が大学で経済学を学び始めた頃、その理論の複雑さと難しさに圧倒された記憶があります。しかし、当時アキハバラデパートにあった書店で手に取ったオタクと経済学に関する書籍たちは、経済学を学ぶことで見えてくる新しい世界を示してくれるには十分なものでした。もちろん、経済学の初学者には読みこなすのは難しかったのですが、オタクを経済学で研究できるという発見は学びのモチベーションにもなりました。学ぶ目的が見つかれば、人間は想像以上の成長を遂げることができます。そして、学びに終わりはありません。

従来の経済理論では、人間は合理的な存在だと定義されてきたのですが、行動経済学では、人間は完全に合理的ではないと考えられています。本書でも説明した合理的経済人と私たちの決定的な違いは、「心」の有無です。この心の存在は、私たちを時に不合理な意思決定に誘います。しかし、その不合理な行動にも人々の想いや意図があるのです。オタク文化やサブカルチャーも多様な人々の想いが交錯し、変化の原動力になっています。

本書は複雑で話題が尽きないオタク文化やサブカルチャーについて、経済学のごくわずかな側面から捉えたに過ぎません。各章の解説を読んで納得できるところ、腑に落ちないところがあったと思います。それは、みなさんなりの解釈や意味が紡がれているからです。その「違和感」をどうか大切にしてください。そして、その違和感の理由を検討することでさらに学びを深められます。

オタクや推し活に興味がある人、経済学に触れてみたいと思っている人、大学で経済学を学んでいるけど今ひとつ興味が湧かない人など、本書を手に取ってくれた1人でも多くの人に、学問の面白さが伝わっていることを願っています。

2023年8月　牧　和生

参考文献

1章

01　経済学ってどんな学問？
・中込正樹（2008）『経済学の新しい認知科学的基礎　行動経済学からエマージェンティストの認知経済学へ』創文社.
・牧和生（2012）「新たな経済学の構築に関する展望」,『青山社会科学紀要』40(2) 191-216.

02　サブカルチャーってどんな文化？
・榎本秋（2009）『オタクのことが面白いほどよくわかる本〜日本の消費をけん引する人々〜』中経出版.
・野村総合研究所オタク市場予測チーム（2005）『オタク市場の研究』東洋経済新報社.
・牧和生（2013）「文化概念の拡張とサブカルチャーおよびCGMにおける文化経済主体の創造性に関する研究」『青山社会科学紀要』41(2) 21-44.

03　おたくの起源とは？
・榎本秋（2009）『オタクのことが面白いほどよくわかる本〜日本の消費をけん引する人々〜』中経出版.
・野村総合研究所オタク市場予測チーム（2005）『オタク市場の研究』東洋経済新報社.
・牧和生（2011）「共感をきっかけとする文化創造―アニメオタクの認知を中心に―」『青山社会科学紀要』40(1) 109-122.
・吉本たいまつ（2009）『おたくの起源』NTT出版.

04　オタクの定義とは？
・東浩紀（2001）『オタクから見た日本社会　動物化するポストモダン』講談社現代新書.
・榎本秋（2009）『オタクのことが面白いほどよくわかる本〜日本の消費をけん引する人々〜』中経出版.
・岡田斗司夫（2008）『オタク学入門』新潮文庫.
・斉藤環（2006）『戦闘美少女の精神分析』筑摩書房.
・野村総合研究所オタク市場予測チーム（2005）『オタク市場の研究』東洋経済新報社.
・牧和生（2011）「共感をきっかけとする文化創造―アニメオタクの認知を中心に―」『青山社会科学紀要』40(1) 109-122.
・山岡重行編（2020）『サブカルチャーの心理学 カウンターカルチャーから「オタク」「オタ」まで』福村出版.
・吉本たいまつ（2009）『おたくの起源』NTT出版.
・Webサイト『Agenda note「令和女子の解体新書（鎌田明里）」』より

05　「おたく」ってネガティブなイメージがありませんか？
・榎本秋（2009）『オタクのことが面白いほどよくわかる本〜日本の消費をけん引する人々〜』中経出版.
・山岡重行編（2020）『サブカルチャーの心理学 カウンターカルチャーから「オタク」「オタ」まで』福村出版

06　おたくとオタクって違うの？
・大塚英志（2004）『「おたく」の精神史　一九八〇年代論』講談社.
・岡田斗司夫（2008）『オタク学入門』新潮文庫.
・野村総合研究所オタク市場予測チーム（2005）『オタク市場の研究』東洋経済新報社.
・牧和生（2011）「共感をきっかけとする文化創造―アニメオタクの認知を中心に―」『青山社会科学紀要』40(1) 109-122.

07　おたくやオタクを悪く思ってしまう理由とは？
・情報文化研究所著・高橋昌一郎監修（2021）『認知バイアス辞典』フォレスト出版.
・友野典男（2006）『行動経済学　経済は「感情」で動いている』光文社新書.
・牧和生（2012）「新たな経済学の構築に関する展望」,『青山社会科学紀要』40(2) 191-216.

08　オタク文化における「共感」と、さらに「推し活」ブームへ
・牧和生（2011）「共感をきっかけとする文化創造―アニメオタクの認知を中心に―」『青山社会科学紀要』40(1) 109-122.
・牧和生（2012）「新たな経済学の構築に関する展望」,『青山社会科学紀要』40（2）191-216.
・牧和生（2013）「文化概念の拡張とサブカルチャーおよびCGMにおける文化経済主体の創造性に関する研究」『青山社会科学紀要』41(2) 21-44.
・牧和生（2020）「コンテンツ文化におけるホスピタリティの重要性―経済学とコンテンツ文化（コンテンツ文化史）の邂逅―」『国際・経済論集』(5) 121-140.

09 オタク市場ってどのような研究がされているの？
・野村総合研究所　オタク市場予測チーム（2005）『オタク市場の研究』東洋経済新報社

10 推しのいる生活「推し活」ブームでオタク文化はどう変わる？
・牧和生（2013）「文化概念の拡張とサブカルチャーおよびCGMにおける文化経済主体の創造性に関する研究」『青山社会科学紀要』41(2) 21-44.

11 オタク市場にライトユーザーは参加できる？
・牧和生（2011）「共感をきっかけとする文化創造ーアニメオタクの認知を中心にー」『青山社会科学紀要』40(1) 109-122.
・牧和生（2013）「文化概念の拡張とサブカルチャーおよびCGMにおける文化経済主体の創造性に関する研究」『青山社会科学紀要』41(2) 21-44.
・森川嘉一郎（2003）『趣都の誕生　萌える都市アキハバラ　増補版』幻冬舎

12 オタク心理を掴んで消費を後押し「コラボカフェ」の楽しみ方
・牧和生（2011）「共感をきっかけとする文化創造ーアニメオタクの認知を中心にー」『青山社会科学紀要』40(1) 109-122.
・牧和生（2013）「文化概念の拡張とサブカルチャーおよびCGMにおける文化経済主体の創造性に関する研究」『青山社会科学紀要』41(2) 21-44.

13 コンテンツツーリズムが地域にもたらす効果とは？
・読売新聞オンライン　「呪術廻戦」「君の名は。」「氷菓」…人気アニメの聖地集う岐阜、観光業の希望（2021.9.28）
・PR TIMES　「アニメ制作業界」動向調査（2022.8.12）
・岡本健編(2019)『コンテンツツーリズム研究〔増補改訂版〕アニメ・マンガ・ゲームと観光・文化・社会』福村出版.
・牧和生（2019）「コンテンツツーリズムへの批判と展望」『国際・経済論集』(3) 99-120 .

14 マンガやアニメでよく神社が出てくる理由とは？
・石井研士（2022）『魔法少女はなぜ変身するのか　ポップカルチャーのなかの宗教』春秋社.
・岡本健編（2014）『マンガ・アニメで人気の「聖地」をめぐる神社巡礼』エクスナレッジ.
・牧和生（2011）「共感をきっかけとする文化創造ーアニメオタクの認知を中心にー」『青山社会科学紀要』40(1) 109-122.
・牧和生（2012）「新たな経済学の構築に関する展望」,『青山社会科学紀要』40（2）191-216.
・牧和生（2013）「文化概念の拡張とサブカルチャーおよびCGMにおける文化経済主体の創造性に関する研究」『青山社会科学紀要』41(2) 21-44.
・牧和生（2020）「コンテンツ文化におけるホスピタリティの重要性ー経済学とコンテンツ文化（コンテンツ文化史）の邂逅ー」『国際・経済論集』(5) 121-140.

15 アニメソング隆盛のきっかけは？
・オリコン
・奥井雅美（2004）『雅ーMIYABI』音楽専科社
・ぴあ総研　「アニメ関連ライブの市場動向に関する調査」（2021年）

16 キャラクターには誕生日が必要？
・原田曜平（2015）『新・オタク経済　3兆円市場の地殻大変動』朝日新書.
・牧和生（2011）「共感をきっかけとする文化創造ーアニメオタクの認知を中心にー」『青山社会科学紀要』40(1) 109-122.
・ニコニコ動画

17 オタクは経済を支えているの？
・野村総合研究所　オタク市場予測チーム（2005）『オタク市場の研究』東洋経済新報社
・アニメーションビジネスジャーナル　日本アニメの世界市場過去最高の２兆7400億円　アニメ産業レポートが報告（2022.11 .10）
・株式会社ヒューマンメディア「日本と世界のメディア×コンテンツ市場データベース2022 Vol.15(速報版)」
・堀田純司（2005）『萌え萌えジャパン』講談社.
・牧和生（2011）「共感をきっかけとする文化創造ーアニメオタクの認知を中心にー」『青山社会科学紀要』40(1) 109-122.
・牧和生（2012）「新たな経済学の構築に関する展望」,『青山社会科学紀要』40（2）191-216.
・牧和生（2013）「文化概念の拡張とサブカルチャーおよびCGMにおける文化経済主体の創造性に関する研究」『青山社会科学紀要』41(2) 21-44.

18 こだわりが強いオタク同士って対立しないの？
・廣瀬涼（ニッセイ基礎研究所）　基礎研REPORT(冊子版) 7月号／Vol.304
・山岡重行編（2020）『サブカルチャーの心理学 カウンターカルチャーから「オタク」「オタ」まで』福村出版.
・「オタク女子に聞いた同担OKの条件とは？」／WE LABO(https://labo.wego.jp/oshigoto-doutan/) による調査より

19 推し活疲れの経済学的メカニズム
・otalab(https://otalab.net/)

20 「くだらない」がサブカルチャーのキーワード？
・岡田斗司夫（2008）『オタク学入門』新潮文庫.
・平井智尚（2021）『「くだらない」文化を考える　ネットカルチャーの社会学』七月社.
・牧和生（2011）「共感をきっかけとする文化創造ーアニメオタクの認知を中心にー」『青山社会科学紀要』40(1) 109-122.
・牧和生（2012）「新たな経済学の構築に関する展望」『青山社会科学紀要』40（2）191-216.
・牧和生（2013）「文化概念の拡張とサブカルチャーおよびCGMにおける文化経済主体の創造性に関する研究」『青山社会科学紀要』41(2) 21-44.
・牧和生（2020）「コンテンツ文化におけるホスピタリティの重要性ー経済学とコンテンツ文化（コンテンツ文化史）の邂逅ー」『国際・経済論集』(5) 121-140.

21　人間誰しもが「オタク」ってことですか？

・野村総合研究所　オタク市場予測チーム（2005）『オタク市場の研究』東洋経済新報社
・牧和生（2013）「文化概念の拡張とサブカルチャーおよびCGMにおける文化経済主体の創造性に関する研究」『青山社会科学紀要』41(2) 21-44.
・牧和生（2020）「コンテンツ文化におけるホスピタリティの重要性─経済学とコンテンツ文化（コンテンツ文化史）の邂逅─」『国際・経済論集』（5）121-140.

22　「オタク＝ネガティブ」の時代が変わり始めたのっていつ頃？

・榎本秋（2009）『オタクのことが面白いほどよくわかる本～日本の消費をけん引する人々～』中経出版.
・岡田斗司夫（2008）『オタク学入門』新潮文庫.
・牧和生（2011）「共感をきっかけとする文化創造─アニメオタクの認知を中心に─」『青山社会科学紀要』40(1) 109-122.

23　オタクについてはどのような研究がされているの？

・東浩紀（2001）『オタクから見た日本社会　動物化するポストモダン』講談社現代新書.
・岡田斗司夫（2008）『オタク学入門』新潮文庫.
・岡本健編(2019)『コンテンツツーリズム研究〔増補改訂版〕アニメ・マンガ・ゲームと観光・文化・社会』福村出版.
・斉藤環（2006）『戦闘美少女の精神分析』筑摩書房.
・杉浦由美子（2008）『かくれオタク9割ほとんどの女子がオタクになった』PHP研究所.
・野村総合研究所　オタク市場予測チーム（2005）『オタク市場の研究』東洋経済新報社.
・原田曜平（2015）『新・オタク経済　3兆円市場の地殻大変動』朝日新書.
・牧和生（2011）「共感をきっかけとする文化創造─アニメオタクの認知を中心に─」『青山社会科学紀要』40(1) 109-122.
・牧和生（2019）「コンテンツツーリズムへの批判と展望」『国際・経済論集』（3）99-120 .
・増淵敏之（2014）『物語を旅するひとびとIII　コンテンツツーリズムとしての文学巡り』彩流社.
・森永卓郎（2005）『萌え経済学』講談社.
・吉本たいまつ（2009）『おたくの起源』NTT出版.

24　「萌え」ってなんのこと？

・東浩紀（2001）『オタクから見た日本社会　動物化するポストモダン』講談社現代新書.
・榎本秋（2009）『オタクのことが面白いほどよくわかる本～日本の消費をけん引する人々～』中経出版.
・藤原実（2009）『現代オタク用語の基礎知識』ディスカヴァー・トゥエンティワン.
・牧和生（2011）「共感をきっかけとする文化創造─アニメオタクの認知を中心に─」『青山社会科学紀要』40(1) 109-122.
・牧和生（2019）「コンテンツツーリズムへの批判と展望」『国際・経済論集』（3）99-120 .
・森永卓郎（2005）『萌え経済学』講談社.

25　オタクになることと個人主義的な価値観との関係とは？

・大塚英志（2004）『「おたく」の精神史　一九八〇年代論』講談社.
・岡本健（2013）『n次創作観光　アニメ聖地巡礼/コンテンツツーリズム/観光社会学』北海道冒険芸術出版.
・牧和生（2011）「共感をきっかけとする文化創造─アニメオタクの認知を中心に─」『青山社会科学紀要』40(1) 109-122.
・牧和生（2020）「ゼロ年代以降における日常系4コママンガ作品のアニメ化に関する研究」『国際・経済論集』(6)47-70.

26　アニメやマンガの登場人物やアイドルのメンバー数が多いのはどうして？

・岡本健（2013）『n次創作観光　アニメ聖地巡礼/コンテンツツーリズム/観光社会学』北海道冒険芸術出版.
・折原由梨（2009）「おたくの消費行動の先進性について」『跡見学園女子大学マネジメント紀要』（8）号19-46.
・牧和生（2011）「共感をきっかけとする文化創造─アニメオタクの認知を中心に─」『青山社会科学紀要』40(1) 109-122.
・ユーザーローカル「VTuber(バーチャルYouTuber)、ついに2万人を突破」（2022.11.29）

27　人気のコンテンツが異業種とコラボするのはどうして？

・野村総合研究所　オタク市場予測チーム（2005）『オタク市場の研究』東洋経済新報社.
・牧和生（2011）「共感をきっかけとする文化創造─アニメオタクの認知を中心に─」『青山社会科学紀要』40(1) 109-122.
・ゲーミング＆エンタテインメントビジネススクール「パチンコ・パチスロは、今も昔も娯楽の王様」

28　ヒットするアニメに共通することって何？

・東浩紀（2001）『オタクから見た日本社会　動物化するポストモダン』講談社現代新書.
・大塚英志（2004）『「おたく」の精神史　一九八〇年代論』講談社.
・岡田斗司夫（2008）『オタク学入門』新潮文庫.
・岡本健（2013）『n次創作観光　アニメ聖地巡礼/コンテンツツーリズム/観光社会学』北海道冒険芸術出版.
・折原由梨（2009）「おたくの消費行動の先進性について」,『跡見学園女子大学マネジメント紀要』（8）19-46.
・キネマ旬報映画総合研究所編(2011)『“日常系アニメ”ヒットの法則』キネ旬総研エンタメ叢書.
・暮沢剛巳（2010）『キャラクター文化入門』NTT出版.
・野村総合研究所　オタク市場予測チーム（2005）『オタク市場の研究』東洋経済新報社.
・牧和生（2011）「共感をきっかけとする文化創造─アニメオタクの認知を中心に─」『青山社会科学紀要』40(1) 109-122.
・牧和生（2012）「新たな経済学の構築に関する展望」,『青山社会科学紀要』40（2）191-216.
・牧和生（2013）「文化概念の拡張とサブカルチャーおよびCGMにおける文化経済主体の創造性に関する研究」『青山社会科学紀要』41(2) 21-44.
・牧和生（2020）「コンテンツ文化におけるホスピタリティの重要性─経済学とコンテンツ文化（コンテンツ文化史）の邂逅─」『国際・経済論集』（5）121-140.
・牧和生（2020）「ゼロ年代以降における日常系4コママンガ作品のアニメ化に関する研究」『国際・経済論集』(6)47-70.

29　コンテンツツーリズムを企画するうえで注意すべきことは？

・岡本健（2013）『n次創作観光　アニメ聖地巡礼/コンテンツツーリズム/観光社会学』北海道冒険芸術出版.
・岡本健編(2019)『コンテンツツーリズム研究〔増補改訂版〕アニメ・マンガ・ゲームと観光・文化・社会』福村出版.
・折原由梨（2009）「おたくの消費行動の先進性について」,『跡見学園女子大学マネジメント紀要』（8）19-46.

・キネマ旬報映画総合研究所編(2011)『"日常系アニメ"ヒットの法則』キネ旬総研エンタメ叢書.
・牧和生(2011)「共感をきっかけとする文化創造―アニメオタクの認知を中心に―」『青山社会科学紀要』40(1) 109-122.
・牧和生(2019)「コンテンツツーリズムへの批判と展望」『国際・経済論集』(3) 99-120 .
・牧和生(2020)「ゼロ年代以降における日常系4コママンガ作品のアニメ化に関する研究」『国際・経済論集』(6)47-70.
・岡本健編(2019)『コンテンツツーリズム研究〔増補改訂版〕アニメ・マンガ・ゲームと観光・文化・社会』福村出版.

30 コンテンツツーリズムが教えてくれる大切なこと

・岡本健(2013)『n次創作観光　アニメ聖地巡礼/コンテンツツーリズム/観光社会学』北海道冒険芸術出版.
・岡本健(2018)『巡礼ビジネス ポップカルチャーが観光資産になる時代』角川新書.
・岡本健編(2019)『コンテンツツーリズム研究〔増補改訂版〕アニメ・マンガ・ゲームと観光・文化・社会』福村出版.
・キネマ旬報映画総合研究所編(2011)『"日常系アニメ"ヒットの法則』キネ旬総研エンタメ叢書.
・牧和生(2011)「共感をきっかけとする文化創造―アニメオタクの認知を中心に―」『青山社会科学紀要』40(1) 109-122.
・牧和生(2019)「コンテンツツーリズムへの批判と展望」『国際・経済論集』(3) 99-120 .
・牧和生(2020)「ゼロ年代以降における日常系4コママンガ作品のアニメ化に関する研究」『国際・経済論集』(6)47-70.

31 オタクを理解するうえで私たちに必要なスキルとは？

・青木義英・神田孝治・吉田道代編(2013)『ホスピタリティ入門』新曜社.
・アカロフ, G. A.&クラントン, R.E. 著、山形浩生・守岡桜訳(2011)『アイデンティティ経済学』東洋経済新報社.
・牧和生・中込正樹(2012)「ホスピタリティにおける期待と予測」『青山経済論集』64(3) 21-48.
・牧和生・中込正樹(2013)「仲間意識のニューロ・エコノミクス」『青山経済論集』65(2) 73-83.
・牧和生(2020)「コンテンツ文化におけるホスピタリティの重要性―経済学とコンテンツ文化(コンテンツ文化史)の邂逅― 」『国際・経済論集』(5) 121-140.
・山路顕編・ANA総合研究所監修・岩田真理子・舘野和子・前田香保里・若田加寿子著(2013)『航空とホスピタリティ』NTT出版.

32 AI時代、サブカルチャーはどう変わる？

・美術手帳 「AIが〝描いた〟作品、約4800万円で落札。予想落札価格の43倍」(2018.10.26)
・岡本健(2013)『n次創作観光　アニメ聖地巡礼/コンテンツツーリズム/観光社会学』北海道冒険芸術出版.
・牧和生(2013)「文化概念の拡張とサブカルチャーおよびCGMにおける文化経済主体の創造性に関する研究」『青山社会科学紀要』41(2) 21-44.
・ユリイカ増刊号(2008)『総特集　初音ミク　ネットに舞い降りた天使』青土社

33 動画投稿サイト等で誰でもサブカルチャーを創り出せる？

・原田曜平(2015)『新・オタク経済　3兆円市場の地殻大変動』朝日新書.
・牧和生(2011)「共感をきっかけとする文化創造―アニメオタクの認知を中心に―」『青山社会科学紀要』40(1) 109-122.
・牧和生(2013)「文化概念の拡張とサブカルチャーおよびCGMにおける文化経済主体の創造性に関する研究」『青山社会科学紀要』41(2) 21-44.

34 オタク文化を存続させるために必要なこととは？

・中込正樹(1994)『一歩先をゆく経済学入門　ミクロ編』有斐閣.
・牧和生(2011)「共感をきっかけとする文化創造―アニメオタクの認知を中心に―」『青山社会科学紀要』40(1) 109-122.
・牧和生(2012)「新たな経済学の構築に関する展望」『青山社会科学紀要』40(2) 191-216.
・牧和生(2020)「コンテンツ文化におけるホスピタリティの重要性―経済学とコンテンツ文化(コンテンツ文化史)の邂逅― 」『国際・経済論集』(5) 121-140

35 オタクとしての生きづらさとは？

・情報文化研究所著・高橋昌一郎監修(2021)『認知バイアス辞典』フォレスト出版.
・杉浦由美子(2008)『かくれオタク9割ほとんどの女子がオタクになった』PHP研究所.
・原田曜平(2015)『新・オタク経済　3兆円市場の地殻大変動』朝日新書.
・山岡重行編(2020)『サブカルチャーの心理学 カウンターカルチャーから「オタク」「オタ」まで』福村出版.
・WEBメディア『numan』「あなたは隠れオタク？オープンオタク？」アンケート(2020年)

36 結局オタク文化やサブカルチャーってどう理解すればいいの？

・中込正樹(2001)『意味世界のマクロ経済学』創文社.
・ブルーナー, J著・岡本夏木・仲渡一美・吉村啓子訳(2016)『意味の復権　フォークサイコロジーに向けて』ミネルヴァ書房.
・ボードリヤール, J.著・今村仁司・塚原史訳(1995)『消費社会の神話と構造』紀伊國屋書店.
・牧和生(2013)「文化概念の拡張とサブカルチャーおよびCGMにおける文化経済主体の創造性に関する研究」『青山社会科学紀要』41(2) 21-44.

37 モノを売るなら「広く浅く」より「狭く深く」?

・アンダーソン, C. 著、篠森ゆりこ訳(2009)『ロングテール(アップデート版)―「売れない商品」を宝の山に変える新戦略』ハヤカワ新書juice.
・ferretマーケターのよりどころ「ロングテールとは？　正しく理解して売上をあげよう」(2020.10.13)

38 オタクがジャンルを潰す？

・廣瀬涼(ニッセイ基礎研究所)　基礎研REPORT(冊子版)7月号/Vol.304
・牧和生(2011)「共感をきっかけとする文化創造―アニメオタクの認知を中心に―」『青山社会科学紀要』40(1) 109-122.
・牧和生・中込正樹(2013)「仲間意識のニューロ・エコノミクス」『青山経済論集』65(2) 73-83.

著者プロフィール

牧 和生

京都橘大学 経済学部経済学科 准教授

専門は理論経済学、文化経済学、行動経済学、ホスピタリティ論、現代アニメ文化論など。経済学は人間学であるという視点から、アニメやサブカルチャー、オタク文化を学術的に捉え、さまざまな価値観を持つ他者との共存・共栄の可能性と経済学の在るべき姿について精力的に研究。主な研究業績として「コンテンツツーリズムへの批判と展望」『国際・経済論集』(6) 47－70、2019年や、「オタク文化における過度な消費と排他的行動の経済学」『京都橘大学研究紀要』(49) 213－228、2023年などがある。

カバー・本文デザイン　松林環美（DAI-ART PLANNING）
DTPオペレーション　長屋陽子、森井由里子

カバー・本文イラスト　イケウチリリー
編集協力　平田治久（有限会社ノーボ）

編集　滝川 昂（株式会社カンゼン）

オタクと推しの経済学

発行日　2023年9月13日　初版

著　者　牧 和生
発行人　坪井 義哉
発行所　株式会社カンゼン
〒101-0021
東京都千代田区外神田2-7-1
開花ビル
TEL 03（5295）7723
FAX 03（5295）7725
https://www.kanzen.jp/
郵便為替 00150-7-130339
印刷・製本　株式会社シナノ

ISBN 978-4-86255-690-5
Printed in Japan
定価はカバーに表示してあります。

ご意見、ご感想に関しましては、
kanso@kanzen.jpまでEメールにてお寄せ下さい。
お待ちしております。